顾慰祖先生年谱

徐荣年　廖爱民　陈昌春　顾欣珺◎编著

河海大学出版社
HOHAI UNIVERSITY PRESS
·南京·

图书在版编目(CIP)数据

顾慰祖先生年谱 / 徐荣年等编著. -- 南京：河海大学出版社,2023.3

ISBN 978-7-5630-8203-2

Ⅰ.①顾… Ⅱ.①徐… Ⅲ.①顾慰祖—年谱 Ⅳ.①K826.16

中国国家版本馆CIP数据核字(2023)第035454号

书　　名	顾慰祖先生年谱
	GU WEIZU XIANSHENG NIANPU
书　　号	ISBN 978-7-5630-8203-2
责任编辑	曾雪梅
特约校对	孙　婷
装帧设计	徐娟娟
出版发行	河海大学出版社
地　　址	南京市西康路1号 （邮编：210098）
网　　址	http://www.hhup.com
电　　话	025-83737852（总编室） 025-83722833（营销部） 025-83787103（编辑室）
经　　销	江苏省新华发行集团有限公司
排　　版	南京布克文化发展有限公司
印　　刷	南京工大印务有限公司
开　　本	787mm×1092mm　1/16
印　　张	14
字　　数	214千字
版　　次	2023年3月第1版
印　　次	2023年3月第1次印刷
定　　价	168.00元

作者简介

徐荣年，男，1945年出生，江苏常州人，高级工程师。1968年毕业于唐山铁道学院桥梁隧道系桥梁隧道专业，1968—1984年在铁道部第三工程局从事技术工作，1984—2006年在宝钢运输部从事技术和管理工作。1982—1986年，作为两个主要起草人之一编写了中华人民共和国铁道部部标准《铁路架桥机架梁规则》（TBJ 213—86）并获得铁道部优秀工程建设标准规范二等奖。在宝钢工作期间，先后参加了宝钢一、二、三期的施工建设和生产管理工作。1985年起研究大体积混凝土温度应力和裂缝控制，2005年编著的《工程结构裂缝控制——"王铁梦法"应用实例集》、2010年编著的《工程结构裂缝控制——"王铁梦法"应用实例集（第二集）》和2012年所著的《工程结构裂缝控制——步入"王铁梦法"及诠补》由中国建筑工业出版社出版发行。

廖爱民，男，1985年出生，江西赣州人，顾慰祖先生的学生和接力者。现就职于南京水利科学研究院水文水资源研究所，任滁州综合水文实验基地（即水利部安徽滁州现代水文学野外科学观测研究站）专职管理员，主要从事水文实验、水文地球物理学和同位素水文学等研究。2005年9月至2009年6月，本科就读于中国矿业大学，开展"肥城矿区地下水资源可持续利用研究"；2009年9月至2012年6月，在南京水利科学研究院攻读硕士学位，开展"中国流域水汽输送量和水文循环参数变化研究"；2012年9月至2015年12月，在南京大学攻读博士学位，开展"根-土系统中水分动态监测的电容法研究"。2016年5月至2019年1月，参与滁州基地重建，并开展博士后"滁州实验流域的降雨-分层径流关系研究"。

陈昌春，男，1963年出生，江苏盐城人，1985年南京大学地理学系本科毕业，2004年南京大学城市与资源学系自然地理学专业硕士毕业，2013年南京大学地理与海洋科学学院自然地理学专业博士毕业，现任南京信息工程大学地理科学学院副教授、科技史硕士生导师。主要研究领域是：水文气候学、水文水资源、水文学史。发表科研论文（第一作者）论文10余篇。先后主持及参加过的主要科研课题（项目）有：①中国气象局项目《精细化预报时间降尺度以及降水空报消空及相关重建方法研究》子课题《国内外有关气象要素日变化逐时插值方法及其随地形变化的空间插值研究进展》；②国家自然科学基金项目《中国明清时期气候灾害时空演变特征挖掘研究》子项目《中国明代气候灾害时空特征研究》；③国家自然科学基金项目《我国西南喀斯特山区雨洪资源有效利用与拦沙减淤研究》。

顾欣珺，女，1997年出生，安徽滁州人，顾慰祖教授的孙女。2018年西安理工大学英语专业毕业后，被推荐免试进入陕西师范大学攻读硕士学位，研究方向为翻译学；其间与外校老师合作参与了"明史翻译"项目。硕士论文题目为《符际互补对多模态翻译的影响——以蔡志忠漫画＜世说新语＞英译版为例》。2021年取得外国语言学及应用语言学硕士学位。

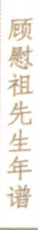

顾慰祖先生

我只是作为一个"代表"去接受了这一荣誉。回顾所有的工作，无不包含着众多同伴们的艰苦劳动，他们或还健在，或已谢世而未能亲见野外工作的盛世。特别是，所有工作还无不包含着许多领导的苦心支撑、维护和鞭策，否则，所有的设想只能是一个美丽的梦想而一无所有。这一荣誉必须归于他们！

I just accepted this honor as a "representative". Looking back on all the work, it all contains the hard work of many companions, who are either still alive or have passed away and have not been able to witness the prosperity of field work. In particular, all the work also includes the painstaking support, maintenance and encouragement of many leaders; otherwise, all the ideas can only be a beautiful dream and even nothing. This honor must be attributed to them!

Gu Weizu

顾慰祖：开创中国水文研究新时代

科技日报　2009年6月17日

　　顾慰祖，中国科学院地理科学与资源研究所项目专家，长期从事"实验水文学"和"同位素水文学"的研究工作；熟悉水文计算、水文规划；提出了有关土壤水分、陆面蒸发等核方法研究和有关规律的报告，开展了水资源问题的同位素研究，在应用基础方面，建立了全国降水同位素站网；在径流组成研究方面，完成了基础方法研究。

　　从20世纪50年代起，顾慰祖就一直从事野外水文实验研究，多少年如一日。他首次在国内进行潜水蒸发观测研究和分层径流研究。80年代初提出划分"实验水文学"分支学科，并在国内首次开设"实验水文学"和"同位素水文学"的大学和研究生课程。1985年以来，他一直开展"同位素水文学"的研究工作，进行水文要素的同位素测验和方法探索研究，在同位素水文学的应用中填补了国内空白。

Gu Weizu: Creating a New Era of Hydrological Research in China

Science and Technology Daily   June 17, 2009

Gu Weizu, as a project expert at the Institute of Geographic Sciences and Natural Resources Research, Chinese Academy of Sciences, has been engaged in the research of experimental hydrology and isotope hydrology for a long time. He is also familiar with hydrological calculation and hydrological planning. He presented reports on nuclear methods of soil moisture and land surface evaporation and related laws, carried out isotope studies on water resources, and established a national network of isotope stations for precipitation. In the study of runoff composition, he completed basic methodological research.

Since the 1950s, Gu Weizu has been engaged in field hydrological experimental research for many years. He was the first to conduct observation research on evaporation of phreatic water and separated runoffs in China. In the early 1980s, he proposed the sub-discipline of "experimental hydrology", and opened the first university and postgraduate courses of "experimental hydrology" and "isotope hydrology" in China. Since 1985, he has been carrying out the research on "isotope hydrology", conducting isotopic hydrometry and method exploration research on hydrological elements, filling the gap in the application of isotope hydrology in China.

顾慰祖主要学术思想

❶ 传统的降雨径流经验关系和单位线概念需重新考虑；传统的过程线经验划分方法和现行同位素划分方法的有关基本假定不完全符合实际。

——1992年《集水区降雨径流响应的环境同位素实验研究》

❷ 地面径流和地面下径流共存在11种产流方式，各种产流方式中只有少数遵循达西定律，多数涉及水分通过水—气界面的特殊土壤水流动问题而与此不符。

——1995年《利用环境同位素及水文实验研究集水区产流方式》

❸ 对天然流域流量过程线使用环境同位素方法划分两种或两种以上径流组分时，必须具有4项必要条件，才能取得合理结果。

——1996年《论流量过程线划分的环境同位素方法》

❹ 现行同位素流量过程线划分方法存在着严重的不合理性。按照流行的参数同位素浓度获取方法和简单的求解方法，不可能得出有明确物理意义的划分结果。

——1994年的《同位素水文过程线分割的实验研究》（国际原子能机构内部研究报告，No.5001/RB，第1-71页）；1996年的《目前天然流域二组分同位素水文过程线分离的不合理性》第261-264页；1996年的《论流量过程线划分的环境同位素方法》

⑤ 利用环境同位素划分流量过程线的基本前提之一是必须有该同位素在河水、降雨和地下径流中的时程变化。

——1997年《同位素示踪划分藤桥流域流量过程线的试验研究》

⑥ 由地表、地下水环境同位素组成，分析了黑河治理规划实施后可能对地下水资源产生的工程影响，它近期不会成为古日乃草原沙漠化进程的因素，但对额济纳绿洲的影响却不容忽视。

——1998年《阿拉善高原地下水的稳定同位素异常》

⑦ 南京水文研究所滁州水文实验基地自1979年起的近20年（1979—1997）工作，对于流域水文研究最根本的经验之一也许是：必须改革水文实验方法，必须应用水文示踪方法。而同位素方法和核技术则是有效的、有时还是唯一的途径。这包括两方面：一是对于各种水文因素的观察研究，以应用人工放射性同位素为主，到20世纪70年代进入实用阶段；二是对于流域水文循环和水文过程的研究，或者还应回到50多年前许多前辈们的希望——从成因上揭示径流形成的本质，则必须以应用环境同位素水文示踪为主，包括溶质示踪。

——2011年《同位素水文学》第834页

⑧ 今日水文学之所以未巩固其作为一门科学的地位，是因为其尚未能建立起其应有的科学基础。基于20世纪30年代经典实验方法所得到的水文传统概念，在许多方面表明需要修改。

在国内应该建立实验水文学作为科学水文学的一个分支。

水文实验所研究的水文现象涉及自然界几乎所有圈层的相互作用，不可能将它整个地带到实验室去研究，因而注定要有特殊的途径。几十年实践的教训表明：需要将上述有关的缺失环节补足。建议在国内有条件的位置建造实验水文系统（它包含着与此相应的各种类型的天然的和人工的实验对象）进行相应的研究；为此新设计建造的滁州水文实验基地就是一个成功案例。

几十年实验流域研究最根本的教训之一是：用系统理论模型（即"黑箱"）的概念，以及只具备与之相应的手段，却企图得到确定性模型是国内外相关研究存在的一个通病。而这一问题只有随着近代技术的发展才能得到相应的解决。滁州水文实验基地要建成一个以求证传统概念或者发展水文概念为目的的实验流域，要满足四个必要条件：①有被控制的边界条件；②各类径流组分必须可以实测；③必须将以水量为对象的水分循环、水量平衡扩展为联同其水化学和同位素组分的水文循环和水文平衡；④使用水文示踪特别是环境同位素示踪。滁州水文实验基地1～3号实验流域在规划之初就是一个以这样的变革为目的的试验场所。

中国现代水问题的研究，首先需要一个新模式来解决，即建立一个有不同研究内容、对象和目的，且研究程度也可以不同的流域研究（径流实验）站网，归属于在规模上属世界一流的水文站网；另一方面，实验水文系统的另一端，即更深入、更系统、更多控制的野外和室内基础性实验研究，则需要建立实验基地或重点实验室（Hydrology Laboratory），联合国内外的水文研究工作者一起进行实验研究。

——2003年《水文实验求是传统水文概念——纪念中国水文流域研究50年、滁州水文实验20年》

❾ 也许青藏高原这个"冷极"，大规模控制并影响着中国北方深层地下水补给而成为中国"水极"。希望不要贸然建造人工地面水系从青藏高原进行大规模引水。

——2009年的学术见解，摘引自2011年出版的《同位素水文学》第263页

❿ 天然实验流域降雨径流成分有着复杂的组合类型，主要是以地面径流为主的SR型和以地面下径流为主的SSR型，以及中间的和演化的类型。

——2010年《天然实验流域降雨径流现象发生的悖论》

2013年，顾慰祖在写作 Current Perspectives in Contaminant Hydrology and Water Resources Sustainability 书中的一章"Current Challenges in Experimental Watershed Hydrology"时，认为现在的水文实验流域已经无法应对环境变化的挑战，必须在以往经验的基础上有所改革。他在书中创新性地提出了"关键带实验体"（Critical Zone Experimental Block，CZEB）的概念，并就地表关键带的上下边界、关键带水文实验体的内涵等问题提出了自己的独特看法，指导了水文实验的发展方向。

顾慰祖形象地将 CZEB 的要素以及之间的相互依赖、相互作用的循环过程与我国古代哲学中的"阴阳八卦"理论和我国中医的"人体经络结构"作类比，CZEB 在地质上是临界区内的整体块。CZEB 是一个动态的生态系统和演化系统，与各种系统相耦合，由水文过程联合起来。CZEB 是一个天然的开放系统；能量和质量交换都存在于其边界之上。它是一个具有一定程度自组织的耗散复杂系统。CZEB 的功能有三个：质量，它的物质方面；能量和力，它的驱动方面；组织和熵，它的热力学／哲学方面。要理解这个系统，就必须在人工试验系统开展大量工作，其中很重要的一个方面就是应用地球化学示踪手段开展研究。他认为，只有水文学家和地球化学家联合起来，水文实验的过程才能得到更深入的认识，否则水文实验学只能停留在经验总结上。

为推进流域水文研究，支持统一水文理论的发展，顾慰祖提出了包括自然系统和人工系统在内的双向多尺度流域实验系统。二者均具有从整体、坡面、子流域到流域的多尺度子系统，研究思路为上下路径。滁州 CZEB 实验系统已经完成了该策略的部分试验。

为了推进污染物水文学研究，顾慰祖认为提出的双向多尺度实验流域系统可能为解开水文、生物和地球化学过程耦合的复杂机制提供关键信息。污染物转化和归宿及其对地下水流域区域退化的影响涉及高度复杂的机制。这种双向多尺度系统需要使用自然和人工实验流域结果的新模型，并使用向上和向下的多学科技术方法，包括同位素示踪法。

所有的水文知识最终都来自观察、实验和测量。水文研究的进展主要是对现有方法和概念的挑战。水文实验，包括 CZEB 流域实验研究，是发展包括污染物水文学在内的统一水文学理论的基石。然而,重要的是要记住维尔纳·海森堡的警示:"我们观察到的并非自然本身,而是展露在我们探究方法下的自然。"

——2013年《实验流域水文学的当前挑战》(Current Challenges in Experimental Watershed Hydrology)和2018年《人工和控制条件下的实验水文学》(Hydrology of Artificial and Controlled Experiments)

Main Academic Thoughts Presented by Gu Weizu

1. The traditional empirical rainfall-runoff relationship and the concept of unit hydrograph need to be reconsidered; the related basic assumptions of the traditional hydrograph empirical separation method and the current isotope separation method do not completely accord with reality.

——1992 "Experimental Research on Catchment Runoff Responses Traced by Environmental Isotopes"

2. There exist 11 runoff generation modes of surface runoff and subsurface runoff. Only a few runoff generation modes follow the Darcy's law, while most of them involve the special soil water flow which passes through the water-air interface, so that inconsistent with this.

——1995 "Research on the Runoff Generation Modes of Catchment Using Environmental Isotopes and Hydrological Experiments"

3. Four essential conditions must be satisfied to determine reasonable results when two or more than two runoff components are separated for hydrograph of natural basins with the environmental isotope method.

——1996 "On the Hydrograph Separation Traced by Environmental Isotopes"

4. The current isotope method for separating hydrographs is rather unreasonable. It is impossible to obtain the separation results with clear physical significance if the prevailing parameter isotope concentration acquisition method and simple solution method are adopted.

——1994 "Experimental Research on Isotopic Hydrograph Separation", No. 5001/RB: 1-71; 1996 "Unreasonableness of the Current Two-component Isotopic Hydrograph Separation for Natural Basins"; 1996 "On the Hydrograph Separation Traced by Environmental Isotopes"

5. One of the basic premises when using environmental isotopes to separate hydrographs is that the temporal variation of isotopic content in river water, precipitation and subsurface runoff must be considered.

——1997 "Experimental Study on Delineation of Hydrographs in Tengqiao Watershed by Isotope Tracer"

6. The possible engineering impact on the groundwater resources were analyzed according to the environmental isotope compositions of surface and ground waters after the implementation of the Black River management planning. The planning will not be a factor of the desertification process of the Gurinai Grassland in the near future, but the impact on the adjacent areas of Black River including the Ejina oasis cannot be ignored.

——1998 "Isotopically Anomalous Groundwater of Alxa Plateau, Inner Mongolia"

7. During the 20-year work in Chuzhou Hydrology Laboratory of Nanjing Institute of Hydrology since 1979, one of the most fundamental experiences of hydrological basin research is perhaps that the hydrological experimental methods must be reformed and the hydrological tracing methods must be applied. Isotopic methods and nuclear techniques are the effective and sometimes the only way, which includes two aspects: first, the observation and study of various hydrological factors entered the practical stage in the 1970s, with artificial radioisotopes mainly used; the second is to study the hydrological cycle and process of the basin, or to return to the hopes of many predecessors more than 50 years ago: in order to reveal the nature of runoff formation from the perspective of origin, we must mainly apply environmental isotope hydrological tracing, including solute tracing.

——2011 *Isotope Hydrology*, p.834

8. The reason why hydrology has not consolidated its status as a science today is that hydrology has not yet been able to establish the scientific foundation it deserves. The traditional concept of hydrology, based on the classical experimental methods of the 1930s, showed the need for modification in many respects.

Experimental hydrology should be established as a branch of scientific hydrology in China.

The hydrological phenomena studied by the hydrological experiment involve the interaction of almost all circles in nature; it is impossible to bring it all into the laboratory for research, so it is destined to have a special approach. Lessons from decades of practice show that the above-mentioned missing gaps need to be filled. It is recommended to build an experimental hydrological system, which contains various types of natural and artificial experimental objects correspondingly, in a suitable location in China; the Chuzhou Hydrology Laboratory is a successful case newly designed and constructed for this purpose.

One of the most fundamental lessons of several decades of experimental basin research is that it is a common problem at home and abroad to use the concept of system theory model (i.e., "Black Box") and just to adopt the corresponding means to obtain the requirement of a deterministic model. However this problem can only be solved with the development of modern technology. The Chuzhou Hydrology Laboratory needs to meet four necessary conditions to build an experimental basin aiming at seeking truth from the traditional hydrological concept or developing hydrologic concept: 1. boundary conditions being controlled; 2. All runoff components being measurable; 3. necessary to extend the water cycle and water balance with the water quantity as the object to the hydrological cycle and hydrological balance with the water chemical and isotopic components; 4. the use of hydrologic tracer, especially environmental isotope tracer. At the beginning of planning, No. 1 to No. 3 experimental basins in the Chuzhou Hydrology Laboratory were experimental sites for the purpose of such a revolution.

The research of modern water problems in China firstly needs a new solution mode, that is, the establishment of a watershed research (runoff experiment) station network with different research contents, objects and purposes, as well as different research degrees; this network being a first-class hydrological station network in scale in the world. On the other hand, the other end of the experimental hydrological system is more in-depth, more systematic, and more controlled field and indoor basic experimental research; it is necessary to establish an experimental base or key laboratory (Hydrology Laboratory) to unite domestic and foreign hydrological researchers to conduct experimental research together.

——**2003 "Seek Truth from Traditional Hydrological Conceptions with Hydrological Experiments: the 50 Years Anniversary of Hydrological Basin Study of China and the 20 Years Anniversary of Chuzhou Hydrology Laboratory"**

9. The Qinghai-Tibet Plateau as a "cold pole" perhaps controls and affects the recharge of deep groundwater in northern China on a large scale, and becomes China's "water pole". I hope that we will not rashly build artificial surface water systems to transfer water from the Qinghai-Tibet Plateau on a large scale.

——**The 2009 academic insights are excerpted from** *Isotopic Hydrology*, **p.263, published in 2011**

10. The rainfall-runoff components in the natural experimental catchment have complex combined types. There are the SR type with surface runoff dominated, SSR types with subsurface runoff dominated and other intermediate and evolutive types.

——**2010 "Rainfall-runoff Paradox from a Natural Experimental Catchment"**

11. In the book chapter "Current Challenges in Experimental Watershed Hydrology" in the book *Current Perspectives in Contaminant Hydrology and Water Resources Sustainability*, Gu Weizu argued that the current experimental hydrological watershed could no longer cope with the challenges of environmental change. Reforms must be carried out on the basis of previous experience. In the book, the concept of "Critical Zone Experimental Block" (CZEB) is innovatively proposed, and the upper and lower boundary of the surface critical zone and the connotation of the CZEB are put forward. This idea guides the development direction of hydrologic experiments.

Gu Weizu vividly likened the elements of the CZEB and the cycle of mutual dependence and interaction with the "Eight trigrams of Yin and Yang" theory in ancient Chinese philosophy and the "human meridian structure" in traditional Chinese medicine. The CZEB is geologically a monolithic block within the Critical Zone. CZEB is a dynamic ecological and evolving system, coupled with various systems and united by hydrological process. The CZEB is a natural open system; both the energy and mass exchanges exist across its boundaries. It is a dissipative complex system with some degree of self-organization. The CZEB has three functions: mass, its material aspect; energy and force, its driven aspect; and organization and entropy, its thermodynamic/philosophical aspect. To understand this system, a great deal of work must be carried out in the artificial experimental system, and one of the important aspects is to conduct researches using geochemical tracers. He insisted that only the uniting of hydrologists and geochemists can make the processes of hydrological experiments known more in-depth; otherwise, experimental hydrology just remains at the level of summary of experience.

To advance watershed hydrology and support the development of a unified theory of hydrology, a two-way multi-scale experimental watershed system is proposed by Gu Weizu, including the natural system and the artificial system. Both of them have multi-scale subsystems from monolith, slope, sub-watershed to watershed, and follow the research idea of upwards and downwards routes. A trial for such a strategy is partly completed at the Chuzhou CZEB Experimental System.

To advance contaminant hydrology, Gu Weizu suggests the two-way multi-scale experimental watershed system raised may provide a key to unravel the complex mechanisms coupling hydrological, biological, and geochemical processes. Contaminant transformation and fate and their effects on regional degradation of groundwater basin involve highly complex mechanisms. This two-way multi-scale system calls for new models using both natural and artificial experimental basin results and using upwards and downwards approaches to multidisciplinary techniques, including the isotope tracing method.

All hydrological knowledge ultimately comes from observations, experiments, and measurements. Advances in hydrology result mainly from challenges to prevailing approaches and concepts. Hydrological experimentation, including CZEB experimental watershed studies, is the footstone for the development of a unified theory of hydrology including contaminant hydrology. However, it is important to remember Werner Heisenberg's warning: "what we observe is not nature itself, but nature exposed to our method of exploration."

——2013,"Current Challenges in Experimental Watershed Hydrology"and 2018,"Hydrology of Artificial and Controlled Experiments"

纪念顾慰祖先生(代序)

《顾慰祖先生年谱》编写团队约我为年谱写序言。为顾老这样的水文名家写序，我感到颇有压力，就写一篇纪念文章以作代序吧。

1980年冬，顾慰祖先生和我等应水利部水文局邀请，去扬州水利学校参加全国水文职工培训教材编写工作会议。那是我第一次见到顾先生。他是长辈，人很随和。我们两人的任务是编写《水文学基础》，他主编，我参编，华东水利学院（现河海大学）于维忠副教授主审。会议期间，顾先生不时向于先生讨教问题，并了解苏联瓦尔达依径流实验站的情况（于先生曾留学于苏联）。我对顾先生抓机会学习的精神印象深刻。我们密切合作，参考并引用了国内外很多资料和国内不少同志的研究成果，满足了"教材涉及面广，但内容简明扼要、通俗易懂，以适用为主，同时也适当介绍一些现代的先进技术"的编写与出版要求。与顾先生合作编书，使我开拓了视野，受益匪浅，对我主审全国中专陆地水文专业《陆地水文学》教材大有裨益（获优秀教材奖）。合编此书还有一段插曲。顾先生编写3/5的内容，但他跟责任编辑说不按工作量大小计稿酬，他只要一半。编辑为难，我回信婉拒。顾先生的谦让精神使我终生难忘。编书期间，我利用出差机会去滁州实验基地。顾先生带我参观水文山等小流域和径流场观测设施，我首次看到了土壤水分观测仪等仪器。我给他带去老家漳州的一个榕树盆景和几粒水仙花头，他很喜欢。有几年，我们互寄贺年卡。比得上书法作品的顾先生手书，我的同事都很欣赏。

1986年，顾先生被我所在的黑龙江水利专科学校聘为兼职副教授。翌年，我校校刊更名为《黑龙江水专学报》。顾先生和河海大学赵人俊教授等被聘为学报顾问。1988年，经批准，学报面向国内外公开发行（当时是国内4所水利专科学校唯一面向国内外公开发行的学报）。从1986年开始，我校约请顾先生在校刊和《黑龙江水专学报》上开辟《同位素在水文上的应用》专栏，发表如下文章：

《同位素水文学的形成和发展》（1986年第2期）

《降水中的环境同位素》（1986年第3期）

《雪的同位素测验和研究》（1987年第3期）

《地表水的同位素测验和研究（一、二）》（1988年第1期）

《地表水的同位素测验和研究（三）》（1988年第2期）

《地表水的同位素测验和研究（四、五、六）》（1988年第4期）

《悬沙的同位素测验和研究》（1989年第2期）

《底沙的同位素测验和研究》（1989年第4期）。

我是《同位素在水文上的应用》专栏的第一位读者兼责任编辑。顾先生的专栏文章，受到了行业内的关注和重视。同位素水文学，在当时还是偏冷的科学领域，顾先生感谢水专学报为他提供了发表论著的平台。

讲一个顾先生助人的故事。1995年，东北农业大学罗凤莲副教授编撰《黑龙江流域水文概论》，苦于找不到有关同位素水文学研究资料。我受托向顾先生求助，顾先生立即寄来有关资料和研究成果。罗老师据此写出了"齐齐哈尔降水中的氢氧稳定同位素""齐齐哈尔降水中的放射性同位素氚""三江平原地下水中的环境同位素""嫩江（齐齐哈尔）陆地水的元素组成""嫩江上游陆地水和天池、镜泊湖湖水的元素组成""松花江水系陆地水元素背景值"

6 小节，构成"陆地水的环境同位素与核方法研究"，作为收尾一章。书稿由学苑出版社出版。该书是继《黑龙江流域水文地理》之后，国内出版的有关黑龙江流域水文状况的第二部专著。该书可供水利等专业本科生和硕士生及水文水利工作者学习或参考。罗凤莲教授曾动情地说："没有顾先生的帮助，就没有《黑龙江流域水文概论》一书压轴的一章'陆地水的环境同位素与核方法研究'。感谢顾先生的帮助。"助人为乐，彰显顾先生的人格魅力。

2009 年，得知顾先生和袁隆平院士等荣获科技部"全国野外科技工作突出贡献者"称号，是水利行业唯一入选者，我去信祝贺。顾先生获此殊荣，当之无愧。

2011 年，我收到《同位素水文学》一书，花了两天时间学习，写了一篇题为"170 万字辉煌巨著《同位素水文学》出版"的介绍文章，以《水利科技与经济》编辑部的名义（表示重视，我是该刊顾问）在该刊 2012 年第一期上发表。我在介绍文章中首先介绍同位素水文学的定义，即使用同位素方法和核技术研究水圈中水的起源、存在、分布、运动和循环以及与其他地球圈层的相互作用。然后写道："该书论述同位素水文学的原理和应用，讨论了从降水到地面和地下各种水体的同位素特征，同位素和核方法在水资源、水环境、水文基础、土壤侵蚀及地震等领域的应用，以及水中同位素的测定方法和采样方法等"；指出该书由 30 多位活跃在国内外同位素水文研究领域的学者通力合作编著。这是中国第一部同位素水文学力著，"将有力推动中国同位素水文学的发展和在各个领域的应用中发挥重要作用"。2004 年，黑龙江水利专科学校并入黑龙江大学。2010 年，黑龙江大学水利电力学院成立。2014 年，我把顾先生赠送的《同位素水文学》转赠给黑龙江大学图书馆，让水利和化学等专业的莘莘学子分享前辈的劳动果实。

20 世纪 80 年代后半叶，顾先生在《黑龙江水专学报》发表同位素水文学研究文章，几乎是孤军奋战。而到了新千年，顾先生身边已有一批生龙活虎的年轻人。可以告慰顾先生，您的事业后继有人，中国的同位素水文学研究更上一层楼可期。

亦师亦友40余年的顾先生驾鹤西去，他的音容笑貌永远镌刻在我心中。本人十分赞成出版顾先生年谱。有识之士可以在年谱基础上，写出《顾慰祖先生传》或《顾慰祖先生学行研究》等，让先生的学术成果和人格魅力更好地传世。

黑龙江大学水利电力学院教授

2023年2月16日于北京

孜孜为学精耕细作求真知
谦谦做人逢旱化雨誉海外
——记顾慰祖先生二三事（代序）

顾慰祖先生是我国著名的同位素水文学家，也曾是我的忘年之交。顾先生因病于 2022 年 4 月 11 日去世后，他的至亲好友、学生同事，都纷纷以各种方式，表达了缅怀之情。我和国际水文科学协会（IAHS）中国委员会同位素分会的几位同行也专门发了唁电，深表哀悼。在顾先生去世即将一周年的时候，顾先生的侄儿徐先生和生前好友及同事们编辑了《顾慰祖先生年谱》。主编之一陈昌春老师要我为《年谱》作序，我虽然心有忐忑，但是在翻看了《年谱》送审稿之后，许多往事涌上心头。我浮想联翩，夜不能寐，感觉有必要对《年谱》作些许补遗，以表达对顾老前辈的怀念之情。

1982 年夏天，我在渤海的庙岛群岛上采集了平生第一个降水同位素样品。也许是从那时开始，我注定会和顾先生的人生有某种交集了，因为那时的顾先生正在应用中子方法测量土壤水分。不过，我们的相识却是在多年以后由国际原子能机构（IAEA）牵的线。因为相近的专业方向，加上顾老随和、健谈的性格，彼此又有不少共同的朋友，我们便结下了忘年之交。

1997 年的夏天，我在位于奥地利维也纳的 IAEA 总部任临时专家，从事地下水地球化学模拟工作，兼管全球大气降水同位素观测网（GNIP）。IAEA 援助蒙古国的地下水项目需要选派一位国际专家去现场指导工作，让我联系顾先生，看他是否愿意帮忙。顾先生愉快地接下了这个任务。后来一件小事令我印象深刻，顾先生在写给 IAEA 的工作报告中引用毛泽东在《中国革命战争的战略问题》中的名句"伤其十指不如断其一指",用以指导蒙古国的项目团队找准问题、聚焦力量。顾先生在内蒙古干旱区从事水资源调查研究多年,经验丰富。而两地水文条件类似,因此他很胜任这项工作。2014 年,当年委派顾先生去蒙古国帮忙的 IAEA 同位素水文学部主任——克劳斯·佛罗里奇教授因病在维也纳去世,顾先生以《水科学进展》编委身份约我写一篇纪念文章,后来这篇文章由我们共同署名发表在该杂志上。补充说明一下,我当初能够去 IAEA 任职多年,也是基于克劳斯的赏识。所以他是我俩共同的朋友——一位对华友好的德国核物理学家。

这件事情还促进了我们和蒙古国的双边合作。2016 年,我们的同位素水文学实验室为蒙古国测试了一批水样的氚含量,多次受到蒙古同行的感谢。2019 年,我在乌兰巴托参加亚太地区地下水项目(RAS7030)的结题会期间,应邀访问了蒙古科学院地理研究所,与对方探讨双边合作的可能性。事实上,从水文地质角度来讲,蒙古国的干旱区跟我们内蒙古地区构成一个完整的内陆盆地水文地质单元。过去我们的工作对南边的关注比较多,而北边的研究可能会为我们寻求答案提供更多的线索。因此,两国之间也有比较大的科研合作空间。我们应该利用好"一带一路"中蒙俄经济走廊项目,共同推动这项合作。这些想法因新冠疫情而延缓了。2020 年,在我国抗击疫情的艰难时刻,蒙古国政府送来了 3 万只羊。北方邻国的一片善意令国人感动。而对于顾先生和我本人而言,从这些善意互助中,还能感受到额外的欣慰和喜悦。

1999 年,IAEA 为了加强与中方在同位素水文学领域的技术合作,难得地动用了总干事储备金,并通过我们研究所跟我签订了 5 万美元的专项合同。其内容包括:举办 IAEA 高层参加的全国同位素水文学研讨会,组织 IAEA 专家授课的国际同位素水文学培训班,规划同位素水文学实验室,设计两个同位素水文学技术合作项目,等等。在设计鄂尔多斯盆地地下水项目过程中,我得到了顾先生的帮助。顾先生是我国最早从事大气降水同位素观测研究的专家之一。1999年夏天，我和顾先生一起为降水同位素观测勘测站点。我们从西安出发登上秦岭，来到长江和黄河的分水岭之处。我记得那里海拔高程3000多米，而且风很大。结果我俩双双得了重感冒，下山后高烧两天，只能卧床休息。在顾先生的亲友团——陕西省水文局的同志们无微不至的照顾下，我们很快转危为安。这件事情让我感受到了本地的同行们对顾先生的敬重和支持。顾先生能够长期坚持考察巴丹吉林沙漠，还得到了美国地球观察（Earth Watch）基金会的资助，就不奇怪了。在各方持续努力下，国土资源部门牵头的鄂尔多斯项目和水利部门负责的黑河同位素水文学项目都获得了IAEA的批准。经过几年工作，两个项目都取得了不错的成果。后来，我们在中国科学院地质与地球物理研究所也建成了高水平的同位素水文学实验室。这些工作，有力推动了我国同位素水文学的学科发展和实际应用。

2005年春天，我从维也纳回国。我和顾先生的交往就多起来了。只要他有机会来北京，或者我去南京出差，我们基本上都会坐在一起聊聊同位素水文学。用顾先生的原话来讲，就是一起"吹吹牛"！而我们多次"吹牛"的最大产出，应该就数《同位素水文学》那本书了。有一次顾先生告诉我说，他有一个酝酿多年的夙愿，就是写一本同位素水文学专著。我知道，当时的情形下我的科研任务很重，是不会有很多时间去写书的。但是，我觉得这件事情值得做，就帮助他一起拟提纲，并把地质口的人脉资源与他分享，帮助找合适的人写，自己也参加编写、提供参考资料。大家知道，同位素水文学的基础性工作，是大气降水同位素观测；而同位素水文学主要的应用领域，则是地下水。地表水方面的应用相对局限，比方说，年代学的方法基本上与地表水无关。因此，地下水的分量比较大。我们两个人的"朋友圈"叠加起来，情况大有改善。我本人动笔的部分不多，主要是协助顾先生对一些作者的文字把把关。这是一本170万字的巨著，好比同位素水文学的百科全书！组稿、编写与编辑的难度与工作量是巨大的。到后期，顾先生累病住院了。出版时，顾老把我放在第一副主编的位置上，对我的工作给予充分肯定。的确，我帮忙找人写了相应的章节，我从IAEA带回来的几十箱专业书向他开放，也为他写书带来了很多新资料等，都是力所能及的努力。然而，与他在编辑过程中的呕心沥血、字斟句酌相比，则是"小巫见大巫"了。顾先生深厚的文字功底和学术造诣及严谨治学态度，使这本《同位素水文学》成为一本经得起时间检验的集大成专著。10多年来，我的一届届学生和业界的同行们，无不对此书赞誉有加。

同位素水文学是水文学的分支学科，也是很年轻的新学科，1970年才成为独立学科。它应用核技术研究地球水圈中水的起源、赋存、分布、运动和变化，研究水圈与岩石圈以及其他圈层的相互作用。地球水系统的时空变化，已成为当今科学前沿问题，而核技术和激光技术则是20世纪人类最伟大的科技成就之重要部分，链接二者的同位素水文学因而具有发展的优势和强劲的生命力。今天我们缅怀与纪念顾先生，更要为学科的发展、为顾老的未竟事业继续奋斗。2022年4月下旬的一天，我在中国科学院大学北京雁栖湖校区给研究生上同位素水文学课。那天，50余名研究生坐满了教室，在线下上课。在开始讲课前，我把顾先生的野外工作照片和《同位素水文学》一书的封面图片投到屏幕上，并请全体起立，我们大家一起面向黑板默哀，共同为这本课程参考书主编——德高望重的前辈学者顾先生的逝去表示哀悼。事实上，大部分学生是第一次见到顾主编的形象。在一个人求学的道路上，应该以顾先生这样的老师为学习的榜样，淡泊名利、潜心为学。顾先生身上体现出来的科学家精神，值得我们学习和敬仰。

是为序。

中国科学院地质与地球物理研究所研究员
2023年2月16日

良师益友四十载，恩师情深忘年交
——追忆顾慰祖老师（代序）

有幸先阅《顾慰祖先生年谱》，悉作者和顾老师家人通过各种途径，收集、整理、挖掘许多文档资料，按年份进行梳理、归纳、总结、凝练而成此年谱之作品，让读者从编年史视角了解顾慰祖老师的求学过程、工作经历、人生追求、为人处世、业绩成果。这项编辑工作实属不易，我们内心非常钦佩！蒙作者之信任和厚爱，我们阅稿代序。

自1982年南京大学地理学系陆地水文专业1980级同学到滁州水文实验基地实习，我们与顾慰祖老师相识已有四十余载，其间因工作关系常有联系。现在回忆起来，许多场景和经历就像放电影一样在脑海里回荡……

记得1982年5月，1980级陆地水文专业全班同学第一次到水利电力部南京水文研究所滁州水文实验基地实习，顾老师给我们主讲了一堂科学有趣、生动形象、富有前瞻性的课，内容包括科学水文学、实验水文学。或许是因为对陆地水文专业的不甚了解，当时我们班同学存在专业思想情绪，个别同学的学习成绩下滑，顾老师的这堂课打开了我们的眼界，开拓了我们的思维。今天可以毫不夸张地说，顾老师追求真理的科学精神、耐得住寂寞的敬业态度、忠于职守的价值取向，深刻地鼓舞了我们向前迈进，引领了我们的人生方向，改变了我们的人生道路！听完顾老师讲课的当天晚上，同学们在滁州水文实验基地召开的班会上兴高采烈、讨论热烈、体会深刻。确实，自滁州基地实习后，我们水文班的班风、学风扭转了，学习的主动性、积极性提高了。当时我们不能完全知晓顾老师讲课的内涵实质，后来任立良担任国际水文科学协会（International Association of Hydrological Sciences，缩写 IAHS）副主席时了解到，IAHS 原名是国际科学水文协会（International Association of Scientific Hydrology，缩写 IASH），才弄明白从"科学水文"到"水文科学"之缘由。

1983 年暑期，大学三年级课程结束后进入生产实习环节，周成虎、任立良、张守贤三位同班同学有幸在顾老师和南京大学地理学系水文教研室吕明强老师的指导下，奔赴滁州水文实验基地实习一月有余。那时条件比较艰苦，在基地出野外都是徒步行走，记得一天早上，我们穿上长筒雨靴，从河流下游溯源而上、查勘河流源头，途中是在源头区老百姓家里付费吃的午饭。一天下来虽累，但很充实，收获满满。顾老师为我们的学习、实习、食宿等提供了诸多便利，我们顺利完成了室内航空像片立体判读、野外流域实地查勘、流域下垫面不同自然地理要素综合分类、不同地理分区上选点进行入渗仪器参数测定、数据分析与作图、实习报告撰写等各项任务。

我们大学本科的第四学年，顾老师应邀为我们陆地水文班开设了"实验水文学"课程，他讲课深入浅出、引经据典、数据翔实、分析透彻，让我们了解了 "To know is to measure" 的科学道理。基于仰慕顾老师的博学多才、南京水文所滁州基地与南京大学地理学系的长期友好合作以及我们对滁州水文实验基地的了解，在大三生产实习积累之基础上，周成虎、任立良、张守贤三位在大四毕业论文环节毫不犹豫地选择滁州水文实验基地进行真题实做。

20 世纪 80 年代中期我们毕业分配工作以后，常带学生去滁州水文实验基地进行野外实习，顾老师每次都热情接待，亲自讲解水文学产汇流基本原理、径流分层观测实验设计方案，让学生学到了课堂里学不到的知识单元。任立良担任河海大学水文水资源学院院长期间，获批教育部和国家自然科学基金委员会主办、河海大学水文水资源学院承办的国家研究生教育创新计划项目——2009年全国研究生暑期学校（教研司〔2009〕2号，批准号S-0926，主题是"环境变化与水文过程"，2009年7月25日至8月8日）。顾老师应邀为来自全国数十所高等院校和科研院所的120名研究生主讲了流域水文实验、水文过程的环境同位素示踪，并且在学员到滁州水文实验基地考察实习时亲自讲解，拓宽了他们的学术视野，活跃了他们的学术思想，深受学员的一致好评。

2006年，顾老师到访南京，与任立良商议在科学出版社出版《同位素水文学》事宜。应顾老师之邀，任立良参编了《同位素水文学》第一章"水文学和同位素水文学"。2011年6月，顾慰祖老师主编的170万字巨著《同位素水文学》由科学出版社出版，他给我们邮寄数册。拜读时深知，字字句句都凝聚着顾老师的辛劳和汗水。

我们知晓顾老退休后，仍孜孜不倦钻研学术、攻克难关。前已述及，我们在南京大学地理学系读本科阶段，顾老师就给我们1980级陆地水文本科班主讲实验水文学。2021年，顾老师与我们通了较长时间的电话，在南科院滁州综合水文实验基地廖爱民博士协助下，邀请周成虎、任立良等共同编辑《实验水文学》专著，顾老亲自拟写大纲、约请各章执笔者。顾老师身患癌症多年，仍坚持耕耘，是我们学习的榜样。

诚然，一个人的成长经历、取得的业绩与所处的时代密切相关，一个人的命运安排与国家的发展阶段休戚相关，但人生旅程中若能遇到良师益友，对个人而言就更为庆幸。顾老师为我们指点迷津、与我们交往的故事，在此不能全部列举。

阅读该年谱，我们深知顾老师那一辈人为了我国的水文水利事业呕心沥血、潜心钻研、默默无闻、不为名不为利，做出了骄人的业绩；阅读该年谱，我们要学习顾老师严谨治学和追求真理的科学精神、潜心研究和淡泊名利的奉献精神、克服困难和乐观向上的高尚品格，促进我们的事业更上一层楼。

该年谱正文所含的照片、图片非常珍贵，附录的内容亦丰富翔实，读者阅读年谱时犹如身临其境，心悟思通。关键段落采用中文、英文双语展示，以飨海内外同行。该年谱集顾慰祖老师一生履历与学术思想于一体，深信读者会从中汲取营养和经验，相信该年谱之出版对水文水利及地理地质等专业同仁们具有很好的学习和参考价值。

中国科学院院士

中国科学院地理科学与资源研究所研究员

河海大学教授

2023 年 2 月 16 日

前　言

在现代信息化网络中，键入"顾慰祖"三个字，可以搜索到几万条相关的内容；排除掉同名同姓和重复的内容，也能够查到水文学家顾慰祖的信息是以万计数。这些数以万计的内容，有的与他发表的科研论文相关，有的介绍了他的科学考察研究工作片段，更有的内容由于历史的原因在引用相关资料时以讹传讹，并不准确；而全面反映他一生经历事迹的文章，没有一定的材料提供给广大读者知晓。

顾慰祖先生的小学、中学教育大部分是在江苏省武进县和常州市完成，大学则就读于上海交通大学土木工程系。作为新中国培养的第一批大学生，他1952年提前毕业去安徽淮北开始水文工作。几经波折，在滁州花山创建了水文实验基地，并最后定居在安徽琅琊山下的滁州旧城区。

顾慰祖先生于2022年4月11日下午不幸病逝，带走了一生劳累和坎坷。顾先生生前出版了《同位素水文学》一书后，不顾病魔多次缠身，策划编写《实验水文学》一书，可惜天不假以时日，否则他就能对自己所从事的中国实验水文学作一个全面的回顾和总结。

顾慰祖先生是著名的水文实验研究与野外流域观测方面的开拓者，被国内外水文界称作中国实验水文学和同位素水文学的奠基人，也是多个国内外大学、科研院所、科学考察组织的兼职教授、研究员或高级顾问。顾慰祖退休后老骥伏枥，志在千里。在内蒙古阿拉善戈壁和沙漠做野外实验30年（从在职时的1987年至退休后的2016年）；与德国朋友合作研究得到了其地下水稳定同位素异常的现象，从而认为阿拉善沙漠中的高大沙山皆因有水而形成；其主要研究结果与他人合作发表在《自然》杂志（*Nature*）中。

顾慰祖先生一生为人低调、谦恭，在2009年被科学技术部授予水利行业唯一的"野外科技工作突出贡献者"时，他也一再表示自己是一个平凡的水文工作人员，只是作为一个"代表"去接受了这一荣誉。即使在被送进医院ICU抢救，知道自己将不久于人世时，给家人交代的后事处理也就是"低调、从简"四个字。

水是人类生存的必需资源，而顾慰祖的一生与水的研究相关。他情系水文一生，在水文实验、同位素水文的道路上，躬身践行着"追求真理、严谨治学"的求实精神。

平凡并不意味着人生没有精彩的画面。为了纪念开创了中国水文研究新时代的顾慰祖先生，我们几个后辈尽我们所能，本着实事求是的原则，编撰了这本年谱，力争基本上全面还原和描述顾慰祖先生一生的活动轨迹。

限于时间紧迫，以及疫情期间收集资料的局限性，文内一些内容可能会有谬误，恳请知情者指正。

饮水思源；道法自然；大漠取经；造福百姓。

追思水文学家顾慰祖先生
一支短笔书九十岁月往事难告慰
万字长文著一生水文贡献可认祖

壬寅8月　徐荣年
上海宝山吴淞口

Preface

In the modern information network, you can search for tens of thousands of related contents by typing the words "Gu Weizu". Excluding the same name and surname and repeated content, you can also find information about the hydrologist Gu Weizu in tens of thousands of sources. Some of these tens of thousands of contents are related to the scientific research papers he published, some introduce the fragments of his scientific investigation and research work, and some are false and inaccurate when citing relevant materials due to historical reasons. There are no articles that fully reflect his life experiences and deeds, and there is no certain material available to the readers.

Gu Weizu completed most of his primary and secondary education in Wujin and Changzhou, Jiangsu Province. He studied in the Department of Civil Engineering of Shanghai Jiao Tong University. As the first batch of college students cultivated in New China, he graduated early in 1952 and went to Huaibei, Anhui to start hydrology work. After several twists and turns, he established a hydrological experimental base in Huashan, Chuzhou and finally settled in the old city of Chuzhou at the foot of the Langya Mountain in Anhui.

Gu Weizu passed away unexpectedly on the afternoon of April 11, 2022, taking away a lifetime of hard work and hardships. After publishing the book *Isotope Hydrology*, despite his illness again, he initiated a plan to write the book *Experimental Hydrology*, but unfortunately there was not enough time left to him. Otherwise, he would be able to comprehensively review and summarize his own Chinese experimental hydrology.

Gu Weizu is a world-renowned hydrological field scientist, and is called the founder of Chinese hydrological experimental science and isotope hydrology by domestic and foreign hydrological academic community. He is also an adjunct professor, researcher and senior consultant of many domestic and foreign universities, research institutes, and scientific expedition organizations. After retiring, Gu Weizu, as an old man, still has a long-term ambition. He has done field experiments in the Alxa Gobi and desert in the Inner Mongolia for 30 years (from 1987 when he was on the job to 2016 after retirement). He cooperated with German friends to study the abnormal phenomenon of stable isotopes in groundwater, and thus believed that the high sandy mountains in the Alxa Desert were formed because of water; and the main findings are published in *Nature* (in collaboration with others).

Gu Weizu has been a low-profile and humble person all his life. When he was awarded as the only "outstanding contributor to field science and technology work" in the field of the water conservancy profession by the Ministry of Science and Technology in 2009, he still repeatedly expressed that he was an ordinary hydrology worker, and accepted this honor just as a "representative". Even when sent to the hospital's ICU for rescue, he knew that he would leave the world soon and the last words left to his family about his funeral were "low-profile and simplified".

Gu Weizu's whole life is related to the study of water which is an essential resource for human survival. He has been in love with hydrology all his life. On the road of hydrology experiments and isotope hydrology, he devotes himself to the practical spirit of "pursuing truth and rigorous scholarship".

Being ordinary does not mean that the life does not have some wonderful moments. In order to commemorate Mr. Gu Weizu who created a new era of hydrological research in China, several of our younger generations made every effort to compile this chronology in the principle of seeking truth, and strived to basically fully restore and describe the trajectory of Gu Weizu's life.

Due to the urgency of time, the limitations of information collection during the epidemic prevention period, some of the content in the article may be mistaken. We request correction of them if you identify.

When drinking water, one must not forget its source;

Taoism follows nature;

Learning from the great desert;

Benefit the People.

In memory of the hydrologist Mr. Gu Weizu

A short pen cannot do justice to ninety years of life experience;

But a lengthy essay can acknowledge the ancestral contribution to hydrology.

Aug. 2022, Xu Rongnian

written in Wusongkou, Baoshan, Shanghai

目 录
Contents

第一乐章 生于乱世 成于新时（1932年—1952年7月）

The First Movement: born in troubled times and formed in new era （1932—1952.7）

1932年	002
1937年	005
1941年	006
1943年	006
1944年	006
1945年	007
1946年	007
1947年	008
1948年	008
1949年	008
1950年	009
1951年	010
1952年	010

第二乐章 在职生涯 投身水文（1952年9月—1995年）

The Second Movement: professional career in hydrology（1952.9—1995）

1952年9月	014

1953 年	014
1954 年	015
1955 年	015
1956 年	016
1957 年	016
1958 年	017
1959 年	018
1960 年	019
1961 年	020
1962 年	020
1963 年	021
1964 年	023
1965 年	024
1966 年	025
1969 年	025
1970 年	026
1971 年	027
1972 年	028
1973 年	028
1974 年	029
1975 年	029
1976 年	029
1977 年	030
1978 年	030
1979 年	031
1980 年	032
1981 年	033

1982 年	035
1983 年	038
1984 年	039
1985 年	040
1986 年	042
1987 年	043
1988 年	045
1989 年	045
1990 年	047
1991 年	048
1992 年	050
1993 年	052
1994 年	053
1995 年	054

第三乐章　老骥伏枥　志在千里（1996—2022 年）

The Third Movement: although the stabled steed is old, he dreams to run for a thousand miles（1996—2022）

1996 年	058
1997 年	059
1998 年	061
1999 年	063
2000 年	065
2001 年	067
2002 年	069
2003 年	072
2004 年	078

2005 年	087
2006 年	093
2007 年	096
2008 年	100
2009 年	101
2010 年	107
2011 年	109
2012 年	113
2013 年	114
2014 年	118
2015 年	121
2016 年	123
2017 年	130
2018 年	132
2019 年	134
2020 年	135
2021 年	137
2022 年	138

尾声

The coda

附录一　顾慰祖内蒙古沙漠野外考察统计表	147
附录二　顾慰祖国外学术交流活动统计表	148
附录三　顾慰祖公开发表的学术论文统计	149

附录四　2004年内蒙古水损失项目考察探险情况摘录（英）……………165

附录五　国内外水文界追思顾慰祖先生 ……………………………170

参考资料 ………………………………………………………………175

后记 ……………………………………………………………………176

1932

1952.7

第一乐章
生于乱世　成于新时

The First Movement:
born in troubled times and formed in new era

（1932年—1952年7月）

1932 年

是年 3 月 3 日（农历壬申年正月二十七日），上海"一·二八"淞沪抗战结束，距上海不远的江苏省无锡市，顾慰祖作为顾峤若先生家里第一个男婴，在当地出生。

出生日期和地点考证：

民国二十一年农历正月二十七日转换成公历日期是 1932 年 3 月 3 日。

顾慰祖的出生日期有几个说法，户口簿和身份证上一个（1934 年 1 月 1 日，登记时间为 1982 年 1 月 30 日），普通护照上一个（1934 年 1 月 1 日，签发时间为 2007 年 2 月 12 日，出生地点江苏），单位人事档案上一个（1932 年 1 月，见图 1.1），公务护照上一个（1932 年 3 月 3 日，签发时间为 1992 年 8 月 12 日，出生地点江苏，见图 1.2）。

1982 年人口普查时，当地工作人员将顾慰祖夫妻俩的出生日期都输入失误，因为更改手续繁杂，顾慰祖一直没有到当地公安部门要求订正，所以身份证和户口簿上的出生日期（1934 年 1 月 1 日）都搞错了，以致沿用至今，这也是在网上查询搜索资料时出现该失误数据的原因。2007 年申请普通护照时顾慰祖已经退休，所以沿用了身份证上的失误数据。而公务护照于 1992 年 8 月申领，距户口簿和身份证的登记时间已有 10 年之久，却没有采用户口簿和身份证上的出生日期，而是采用 1932 年 3 月 3 日。经顾慰祖夫人及子女的确认，其出生日期为 1932 年 3 月 3 日。

还有两个旁证材料可以说明：顾慰祖在江苏省立常州中学毕业的毕业证书上记载的是 18 岁（1949 年 7 月），上海交通大学学籍登记表的入学日期为 1949 年 9 月，18 岁。如果顾慰祖是 1934 年出生，那么他当时只有 15 岁，和登记的 18 岁差了三年左右；现在有少年大学生的说法，但在 1949 年时是没有这个概念的。

图 1.1　顾慰祖个人档案上记载的出生日期（农历一月）

图 1.2　1992 年申请的公务护照内页

出生地点户口簿上是江苏无锡市，护照上是江苏，没有再往下细分；对于出生地点，顾慰祖本人的回忆也是无锡，应该可信。但是顾慰祖的籍贯应是江苏省常州市（武进县），户口簿上登记的江苏无锡有误。

顾慰祖父亲顾峤若[①]，1891 年生，江苏省常州人，1961 年 11 月 6 日病逝，享寿 70 岁。母亲钱卿云，江苏省苏州人，1903 年生，2005 年 10 月 27 日驾鹤仙游，享寿 102 岁。（见图 1.3，图 1.4）

图 1.3　顾峤若先生和钱卿云孺人遗照

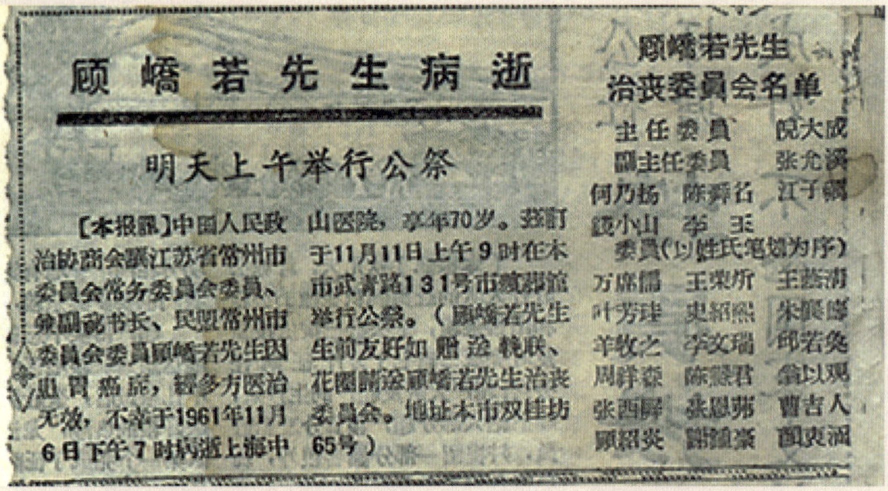

图1.4 《常州日报》刊登的顾峤若先生公祭活动新闻报道

① 顾峤若（字镜明），民国时期江苏省常州市工商、教育界知名人士，曾任律师。1912至1926年间历任武进中小学师范教员、训育主任等职。1927年起先后任民国政府武进县公安局秘书、县政府行政科长、常州市私立名山中学校长、代理教育局局长、大成纺织公司训育主任、江苏省政府监察使秘书等职。

解放后，在常州加入中国民主同盟，1957年前后担任常州市私立文华初级中学校长。任民盟常州市委委员、常州市政协常委、常州市第一届政协副主任、常州市政协副秘书长。1960年10月5日撰写了《常州光复始末纪实》一文，刊登在中国人民政治协商会议江苏省常州市委员会文史委员会编写的《常州文史资料 第一辑 纪念辛亥革命七十周年》第一篇（1981年10月出版，第1—12页）。

1961年11月11日，由时任中共常州市委统一战线工作部部长的倪大成担任顾峤若先生治丧委员会的主任委员，时任中共常州市副市长的张允溪、时任中共常州市政协副主席的何乃扬等六人担任顾峤若先生治丧委员会副主任委员的治丧委员会在常州市殡葬馆举行公祭。

1937 年

7月，顾慰祖在江苏无锡县立竢实小学校①（现更名为无锡市连元街小学）上小学二年级（见图1.5）。

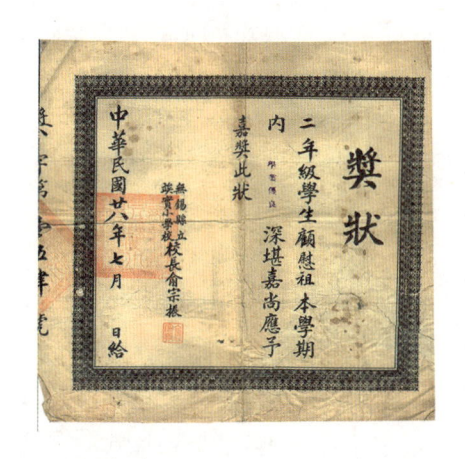

图 1.5　顾慰祖在无锡县立竢实小学获得的奖状

11月，侵华日军占领无锡。

顾慰祖随后停学两年，由母亲钱卿云一人带着其和妹妹顾琢如从无锡前往镇江（顾峤若当时做事的地方）、扬州、高邮等地寻找顾峤若，而此时顾峤若已经西迁至四川重庆，所以一路上并没有找到，母亲只能带着兄妹两人在苏北江湖小戏班子里打杂谋生。

---

① 江苏省无锡"竢实"学堂，由地方名士杨模创办于1898年，是省内第一所由中国人创办的新式小学堂，开地方新学先河，时有"一北一南、一大一小""北有京师、南有竢实"之说（分指北京大学和无锡竢实小学）。钱基博、钱穆等名师曾在此执教，顾毓琇、孙冶方等为知名校友。近年来，学校秉承"培根竢实、乐育英才"的办学理念，名列全国百所名校之一，教育水平全省领先。

1941 年

是年，局势稍趋平静后，顾母带着一双儿女从扬州一路流浪乞讨返回江南，同年到武进县鸣凰乡定居，母亲钱卿云在鸣凰乡摆摊打杂为生，顾慰祖则在当地乡贤的资助下插班就读于鸣凰小学（现更名为常州武进鸣凰中心小学）。

1943 年

是年 6 月，顾慰祖小学毕业。他虽然在鸣凰小学读书时间不长，但鸣凰小学却把顾慰祖作为优秀校友代表在学校的网页上加以介绍。

9 月，顾慰祖在武进私立城南初级中学（现更名为常州武进鸣凰中学）就读初中一年级。

1944 年

是年，顾慰祖在武进私立城南初级中学二年级读书，学期结束时获得学校颁发的奖状（见图 1.6）。顾慰祖非常感谢鸣凰学校诸恩师的培养教育，2000 年特意从安徽滁州回江苏常州鸣凰中学参加老校长钱锟（字子威，江苏常州人）塑像的落成典礼。2005 年撰写个人简历时，还特意题写了："鸣凰活我 恩师育我 寸草之心 难报春晖"十六个字以作思念。

图 1.6　顾慰祖在城南中学获得的奖状

1945 年

1945 年 9 月起，在武进法古中学和淹城联中读初中三年级，下学期回城南初级中学读书。

1946 年

是年 15 岁（虚岁，这是常州当地的民间习俗；下同，不再一一另注说明）。
6 月，于武进私立城南初级中学初中毕业。
9 月，考取江苏省立常州中学（现省常中高中部）。

1947 年

是年 16 岁。

在江苏省立常州中学就读高中二年级。

1948 年

是年 17 岁。

在江苏省立常州中学就读高中三年级。

1949 年

是年 18 岁。

4 月 23 日,常州解放。同年 7 月,顾慰祖从江苏省立常州中学高中部毕业。

(见图 1.7)

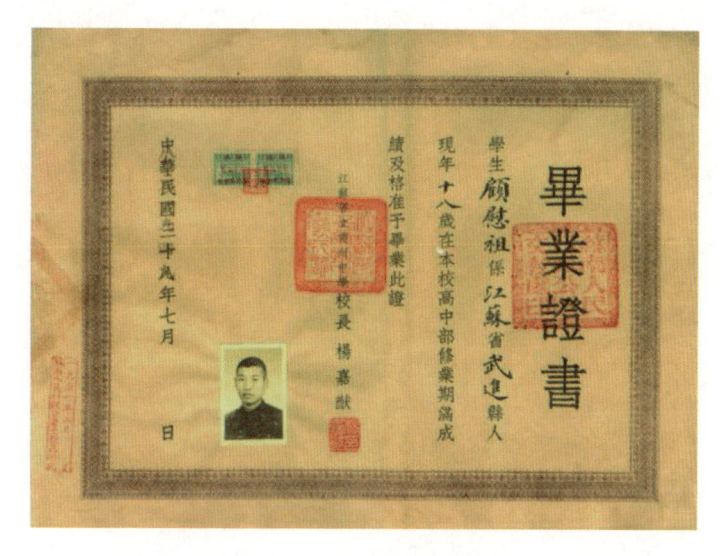

图 1.7　顾慰祖在江苏省立常州中学的毕业证书

顾慰祖参加大学入学考试，在报名时临时起意想在未来建造兵舰，所以在报考的专业一栏填报了上海交通大学造船工程系；9月，被上海交通大学录取进入工学院造船工程系学习，学号83532。

1950 年

是年19岁。

9月，顾慰祖由于实际上更喜欢大自然一点，于是在读大二时转去土木系，在工学院土木工程系（铁道组）学习。

1951 年

是年 20 岁。

在工学院土木工程系（铁道组）学习。

1952 年

是年 21 岁。

为响应新中国"一五"计划建设需求，顾慰祖作为新中国成立后培养的第一批大学生，在上海交通大学提前毕业，离开上海投身安徽淮北参加淮河流域水利治理工作。图 1.8 为顾慰祖在上海交通大学的毕业证书（注：虽然标注了毕业证书题名，但内容却又同时注明了肄业三年期满），当时上海交通大学校务委员会主任（相当于校长）为吴有训，工学院院长为朱物华。

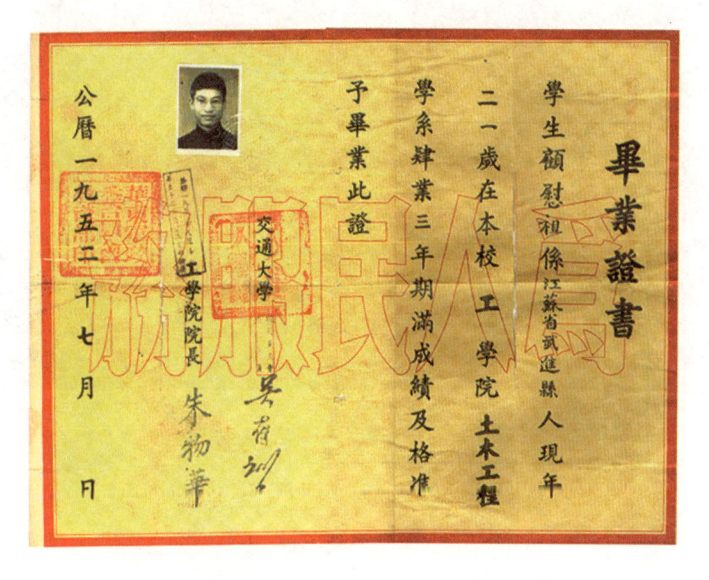

图 1.8　顾慰祖在上海交通大学的毕业证书

1952.9

1995

第二乐章
在职生涯　投身水文

The Second Movement:
professional career in hydrology

（1952年9月—1995年）

1952 年 9 月

服从学校分配,作为实习生到滁县专区治淮指挥部工程处参加工作。工作期间接触了泊岗引河等水利工程。

1953 年

是年 22 岁。

3 月,从滁县治淮指挥部调去地处蚌埠国富街的治淮委员会工程部第四科[设计处(测验处)水文组]任实习生,顾慰祖在这里开始跟随赖佩英[①]学水文、学工作、做水文实验。

5 月,在第四科工作时,赖佩英让顾慰祖与吴瑞鋐[②]一起参与了青沟排水实验站的研究工作,参与建立我国第一个水文实验站——青沟排水实验站(当时的治淮委员会为解决淮北坡水区内涝严重、产汇流数据缺乏等除涝水文计算问题,在北淝河青沟排水区筹建了青沟径流实验站)。实验站内设置各类相互嵌套的实验流域,开展了气象、径流、入渗、蒸发、土壤水、潜水蒸发、水均衡场观测实验,新中国流域水文实验自此开始起步。

---

① 赖佩英(顾慰祖的良师益友),1928 年 10 月生,江西南康人。1951 年毕业于南京大学水利系。历任治淮委员会设计院主任工程师,安徽水利电力学院水利系副主任,合肥工业大学水利系副主任、主任,副教授。安徽省水利学会第四

届副理事长。1960年获安徽省先进工作者。

②吴瑞鋐，1929年生，江苏无锡人。1951年毕业于南京大学水利系。合肥工业大学水工结构工程副教授。发表论文数篇，参加编写中等专业学校《水工钢筋混凝土结构学》教材。参加的"灵西闸橡胶坝结构模型试验"研究，1978年获全国科学大会一等奖。

1954 年

是年23岁。

顾慰祖在治淮委员会勘测设计院水文组工作，任技术员。

1954年淮北洪水后，顾慰祖跟胡国骥一起，主要在涡河、浍河、北淝河等流域进行水文测试，曾坐船去义门集，大部分都是带行李步行。去板桥集水文站时，因洪水后道路泥泞，只能光脚走过去。

1954年上半年，淮委工程部的测验处撤销，其下属的水文科改称水文测验室，仍在工程部内。所辖水文测站划归各流域省、专区治淮指挥部领导。

年内发表了第1篇学术论文。

1955 年

是年24岁。

1955年，淮委机构大调整，4月12日撤销工程部，成立勘测设计院。水文测验室划归淮委办公厅领导。顾慰祖在治淮委员会勘测设计院水文组工作，任技术员。

年内发表了 2 篇学术论文（中 /2，英 /0，第一作者 2 篇）。

1956 年

是年 25 岁。

顾慰祖在治淮委员会勘测设计院水文组工作，任技术员。

1957 年

是年 26 岁。

顾慰祖在治淮委员会勘测设计院水文组工作，任技术员。

跟李锦书一起去江苏睢宁进行汛期调研。

跟设计院尤家煌主任一起去豫东平原几个县，带了同心环现场测试各地的下渗，在去往各地进行现场测试时，尤主任也是一路步行。

年内发表了 1 篇学术论文（中 /1，英 /0，第一作者 1 篇）。

1958 年

是年 27 岁。

7月，在安徽省水电厅设计院水文组工作，任技术员。

设计院王总建议顾慰祖去淮北寻找合适的径流站位置，于是顾慰祖去了很多地方进行实地勘测选址；从宿县出发，一路向东过灵璧、泗县、泗洪，直到洪泽湖边的安河金锁镇，这是去现场工作中步行距离最长的一次。其间与潘承恩一起因雨雪困在了亳县淝河集，在小客栈睡了好几天地铺。

和潘怡源①翻译的英文版《洪水估算与控制》（见图 2.1）一书由水利电力出版社出版。

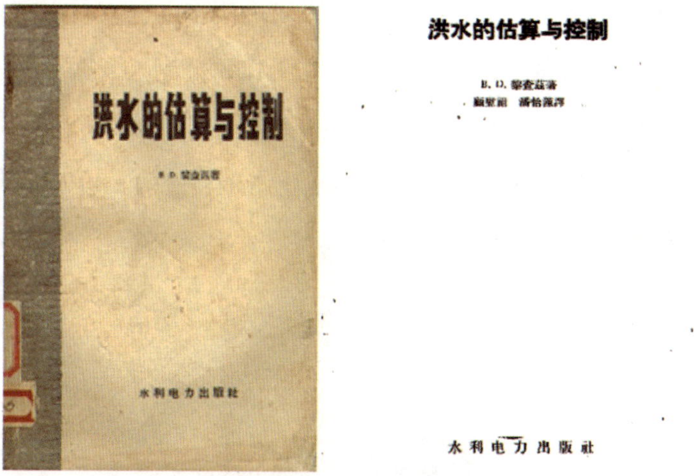

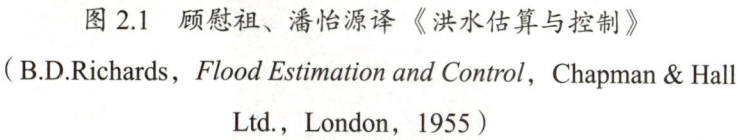

图 2.1 顾慰祖、潘怡源译《洪水估算与控制》
（B.D.Richards，*Flood Estimation and Control*，Chapman & Hall Ltd.，London，1955）

发表《根据潜水动态计算坡水区降雨损失量》一文，顾慰祖认为，在水文计算中，净雨量及净雨过程的计算是一个重要的问题。这方面比较通行的方法，一般可分为两类：根据入渗理论计算的方法以及由实测降雨量、径流量计算的方法。前者基本上属于扣除损失法，而后者则基本上属于径流系数法。淮委曾先后用两种方法进行了许多水文计算，并应用到水文预报中。这两种方法对坡水区是不合适的，它们都存在一些比较严重的缺点。

年内发表了3篇学术论文（中/3，英/0，第一作者3篇）。

---

① 潘怡源，1929年9月14日生，上海人。高级工程师，1952年毕业于同济大学土木系。专长土建结构。

1959 年

是年28岁。

3月，顾慰祖在安徽太和县双浮试验站工作，任副站长。

顾慰祖在太和双浮小孙家工作的一段时间里，在小孙家这个试验地块中，布设了许多毛竹做的地下水观测排井和土壤水取样点，一个气象场，还有几个第一次试做的潜水蒸发器（见图2.2）。并在小孙家接待了张蔚榛①先生。

图 2.2 顾慰祖在太和县双浮田野做水文测试工作照片

年内发表了 1 篇学术论文（中 /1，英 /0，第一作者 1 篇）。

---

① 张蔚榛（1923 年 11 月 22 日—2012 年 7 月 14 日），1941 年考入北京大学工学院土木工程系，毕业后留校任教。1951 年至 1955 年被选派赴苏联科学院水问题研究所做研究生，从事农田水利学科学习和研究，获副博士学位，回国后在原武汉水利学院、原武汉水利电力大学（现武汉大学水利水电学院）工作，任教授，中国工程院院士；长期从事农田水利教学和研究。

1960 年

是年 29 岁。

顾慰祖在安徽太和县双浮试验站工作时与华东水利学院（现河海大学）的葛维亚①相识。当时，葛维亚带领水文系 61 届毕业生生产实习，课题是"河网化地区水文问题的研究"，在淮北临泉、单桥、双沟等 8 个水文实验站蹲点收集有关资料，对河网地区的总入流进行探讨。

在淮北单桥实验站，顾慰祖和葛维亚在晚上歇息时间常常相互探访，聊些水文方面的问题。顾慰祖认为水文在我国还是一门新兴科学，仅仅从苏联方面借鉴远远不够，还要走自己的路：其一是理论探讨，依靠的是基础知识和数理功底；其二是实验研究，依靠的是系统设想和先进设备。顾慰祖同时为河海大学的实习学生作了三次讲座，一次是水文实验介绍，一次是河网地区水文特性，一次是当时水文实验取得的研究成果，在学生中反响很大。对于葛维亚 1959 年在安徽阜阳淮北河网化地区探索总入流时，利用谢尔曼单位线建立综合单位线，对河网地区汇流进行分析的做法，顾慰祖非常赞同。

在闲谈中，顾慰祖还告诉葛维亚，系统化梳理实验水文的研究成果、著书立说和寻找新兴的研究途径等是他今后的打算。

---

① 葛维亚,男,汉族,1934年4月生,黑龙江省齐齐哈尔市人,正高级工程师。1956年8月于大连工学院(现大连理工大学)水利系水能利用专业毕业。先后在华东水利学院、长江水利委员会工作。

1961 年

是年30岁。

5月,顾慰祖在安徽省水电厅农场劳动锻炼。

10月,顾慰祖从农场调回滁县专区水电局水文分站,派往滁州西涧上游的花山乡胡庄村筹建城西径流实验站工作,任代站长。

顾慰祖学过两种外文,英语和俄语。其在英语方面,有很强的阅读和笔译能力,较好的听力、会话和写作能力;俄文方面,则有一般的阅读和笔译能力,可进行一般性简单会话。水利电力出版社邀约刘光文和顾慰祖译俄文版《河川径流》(Речной Сток)一书,刘光文译完上部,顾慰祖译完下部,后因中苏关系恶化,出版社停止了该书出版。

1962 年

是年31岁。

顾慰祖在滁县建立了城西径流实验站(当时的单位编制属滁县专区,业务上则由安徽省水文总站管理），设计建立了以城西径流实验站为核心、空间上嵌套的代表性试验流域和各种大型的测流建筑物。顾慰祖从我国第一个流域水文实验站开始，参与了我国水文实验站建设的全过程（见图2.3），经历了我国实（试）验站建设的艰难创业过程。

图2.3　我国第一个流域水文实验站建设过程中的照片

1963 年

是年32岁。

4月，调往安徽省水电厅青沟径流实验站，任技术员兼业务负责人。在青沟径流实验站，主持建立了"五道沟排水实验场"。在赖佩英的帮助下，从合肥工业大学找到了苏联蒸渗仪（лизиметр）的资料，并参考了水文地质部门的"地中渗透仪"和顾慰祖自己在双浮的工作经验，设计了当时命名为"潜水动态试验场"的实验场地。场地设施包括了8个两种土壤、不同地下水位控制埋深的盛土器以及地下观测室等。

水利出版社（现中国水利水电出版社）出版的苏联的《瓦尔达依水文实验研究》（见图2.4）是当时顾慰祖工作中一直带在身边翻阅参考的一本专业书。

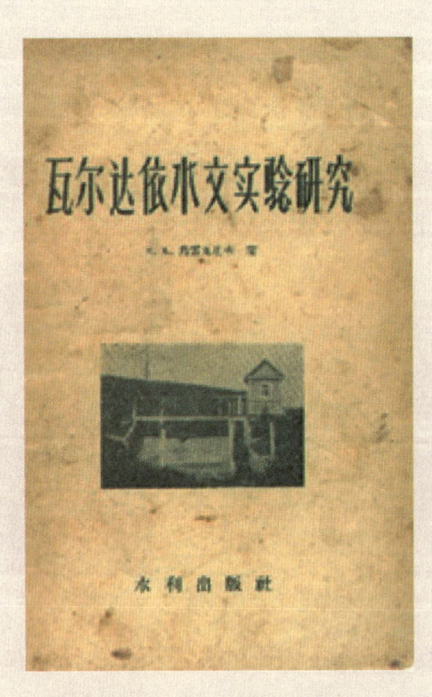

图 2.4　《瓦尔达依水文实验研究》一书的封面

10 月，顾慰祖与徐婷［江苏省常州市（武进）芦庄徐氏固本堂十九世孙徐正庠之小女］在安徽省蚌埠市办理结婚登记。图 2.5 为顾慰祖与徐婷新婚在合肥游览时留影。

图 2.5　顾慰祖和徐婷新婚在合肥游览时留影

1964 年

是年 33 岁。

7 月,顾慰祖儿子顾汶出生(见图 2.6)。顾慰祖给他起名为三点水加一个文的"汶"字。

图 2.6　一岁时的顾汶在江苏常州外婆家

顾慰祖在安徽省蚌埠市固镇县建成了五道沟排水实验场(前身为青沟径流实验站)和潜水动态蒸渗仪群,用于水文测试工作。五道沟水文水资源实验站位于安徽省蚌埠市北 25 千米处的固镇县新马桥原种场境内,占地面积 1.4 万平方米,是平原区大型综合实验站。图 2.7 为顾慰祖设计的非称重蒸渗仪构造示意图。

图 2.7　顾慰祖设计的非称重蒸渗仪构造示意图
[双浮 1959 年建成，青沟（五道沟）1964 年建成]

1965 年

是年 34 岁。

5 月，顾慰祖任安徽省水文总站技术员，在五道沟水文水资源实验站工作（见图 2.8）。

是年，顾慰祖发表《青沟径流实验站近况》一文，文中介绍了青沟径流实验站概况："青沟径流实验站在安徽省淮北坡水区，主要任务是研究排水水文问题。测区包括青沟流域和排水试验场两部分，分别按经验对比和成因分析途径布置测验、试验项目。流域测区是 1953 年起开挖的排水系统。排水沟一般为干、支两级，排水标准约 3 年一遇。"

年内发表了 1 篇学术论文（中 /1，英 /0，第一作者 1 篇）。

图 2.8　在五道沟工作时的照片

左为顾慰祖，中间为梅连银（五道沟站工作人员），右为徐婷（1965 年）

1966 年

是年 35 岁。

在五道沟水文水资源实验站工作。

1969 年

是年 38 岁。

4 月，顾慰祖到安徽省定远县年家岗公社小崔生产队务农。

1970 年

是年 39 岁。

在安徽省定远县年家岗公社小崔生产队务农,图 2.9 和图 2.10 为顾慰祖在农村劳动时留下的照片。

图 2.9 午收拉石磙,右起第二个头高的是顾慰祖
(背景中的草房是顾慰祖在年家岗的家)

图 2.10 定远县年家岗公社小崔生产队一排多人拉犁,左起第九个是顾慰祖

1971 年

是年 40 岁。

顾慰祖在安徽省定远县农村务农期间，有一次公社派他到合肥联系购买化肥，意外得到了一本影印的英文书《水文学中的放射性同位素》（见图 2.11），这是国际原子能机构（IAEA）1963 年在东京召开的第一次水文学国际讨论会的论文集，那时还没有提出同位素水文学的名称，国际上也是刚开始应用放射性同位素进行水文学的研究。顾慰祖在农闲时间仔细地阅读了这本书，并从中得到启发，从而就困惑他多年、怎么开展水文"机制"研究的问题，打开了一片新天地。这是顾慰祖从事同位素水文学研究的肇始，而同位素水文学也成为其一个新的技术研究探讨方向。

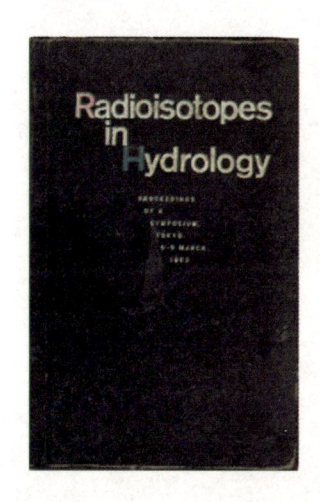

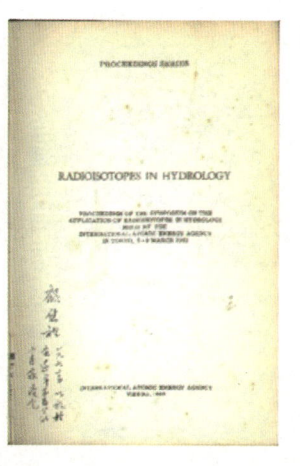

图 2.11 1971 年在农村落户时得到的 IAEA 第一次同位素水文学讨论会文集

顾慰祖在 2018 年写给赖佩英的书信中，一再表示实际上是赖佩英引领自己进入了水文学领域，也是赖佩英引自己走进了水文学中最艰难、也是最具挑战性的实验水文学领域，而正是由于水文实验的需要，他才进入了同位素水文学领域。

12月,女儿顾圆出生。起名为"圆",寓意着顾慰祖一家分居多年后,终于在农村全家团圆了(见图2.12)。

图 2.12　一岁的顾圆在妈妈怀中

1972 年

是年41岁。

9月,任滁县地区水利局(现滁州市水利局)地区水文站技术员,副站长。

1973 年

是年42岁。

在滁县地区水利局地区水文站工作。

1974 年

是年 43 岁。

在滁县地区水利局地区水文站工作。

1975 年

是年 44 岁。

在滁县地区水利局地区水文站工作。

编写安徽省水利电力学校讲义《径流实验概论》。

1975 年至 1980 年，在安徽水利电力学校兼职讲课。

1976 年

是年 45 岁。

在滁县地区水利局地区水文站工作。

暑假期间，在南京大学地理系吕明强老师的联系下，陈廷扬等三人到滁县和顾慰祖合作测试南京大学物理系核物理教研室研制的农用中子测水仪的分析研究工作，顾慰祖承担了所有的野外测试和数据分析工作。经过一个夏季的试测，结果令人满意，自此在花山公社选了一片坡地（后称为南大洼）进行系统而深入的研究。

编写安徽省水利电力学校讲义《陆地水文学》。

1977 年

是年 46 岁。

在滁县地区水利局地区水文站工作。

1978 年

是年 47 岁。

1 月，安徽省滁县行署授予顾慰祖先进工作者称号。

顾慰祖在滁县地区水利局工作，和南京大学的陈廷扬合作的研究项目"表层型中子测水仪"荣获 1978 年（安徽省滁县地区）全区科学大会成果奖一等奖（见图 2.13）。

9 月，被任命为滁县地区水利局地区水文站副站长、工程师。

获 1978 年全区科学大会成果奖项目表

表 29—4

序号	项目名称	完成单位或个人	获奖等级
1	人工海水培育蟹苗	滁县水产试验场、地区水产局、省水产站赵乃刚	1
2	表层型中子测水仪	地区水利局顾慰祖、陈廷扬	1

图 2.13　表层型中子测水仪获滁县地区科技成果奖

1979 年

是年 48 岁。

4 月 16 日，顾慰祖在滁县地区水利局由缪锦明、叶允澄二人介绍加入中国共产党。

在南京水文所常务副所长华士乾先生的大力支持下，顾慰祖开始在安徽省滁县花山筹建滁州水文实验基地 1 号流域（即南大洼，为了纪念与南京大学地理学系的合作而取名）。从此开展大量水文实验，提出了新的产流方式体系。

顾慰祖主审的《陆地水文学》一书由水利电力出版社出版。

年内获得安徽省革命委员会农业科技奖。

12 月 29 日，被任命为滁县地区水利局工管科副科长。

年内发表了 1 篇学术论文（中 /1，英 /0，第一作者 1 篇）。

1980 年

是年 49 岁。

8 月 23 日，顾慰祖转为中国共产党正式党员。

是年作为党员代表参加中国共产党滁县地区直属机关代表大会（见图 2.14）。

图 2.14　顾慰祖参加滁县地区党代会的代表证

1980 年冬，水利部水文局邀请顾慰祖去江苏省扬州水利学校参加全国水文职工培训教材编写工作会议。顾慰祖的任务是和季山一起编写《水文学基础》（该书由顾慰祖主编，季山参编，华东水利学院于维忠副教授主审）。会议期间，顾先生不时向曾留学于苏联的于教授讨教相关的水文技术问题，并了解苏联瓦尔达依径流实验站的情况。

年内发表了 1 篇学术论文（中 /1，英 /0，第一作者 1 篇）。

1981 年

是年 50 岁。

1 月，顾慰祖出席滁县地区直属单位（简称地直单位）党员负责干部会。当选为安徽省党代会滁县地区正式代表之一（共 9 人），出席党代会（见图 2.15）。

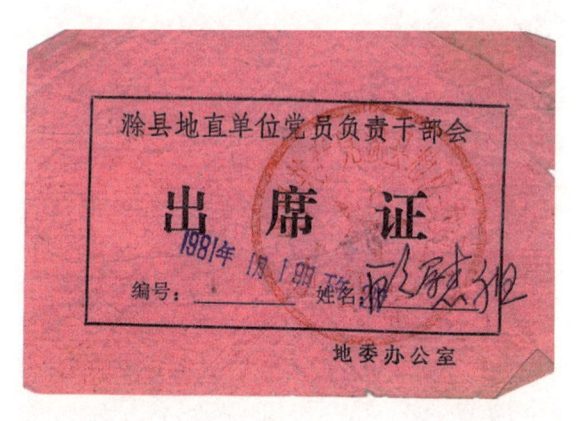

图 2.15　顾慰祖 1981 年出席滁县地直单位党员负责干部会的出席证

4 月，水利部（81）水技字第 39 号文批复"在滁县地区设立现场径流实验和水文遥感技术应用研究基地"。18 日，南京水文研究所（81）南文字第 24 号函告安徽省滁县地区行政公署"在滁县设立水利部南京水文研究所滁州实验基地，级别属县团级单位，1985 年前编制暂定不超过二十人"。该基地即滁州水文实验基地，其地理位置和概况如图 2.16 所示。

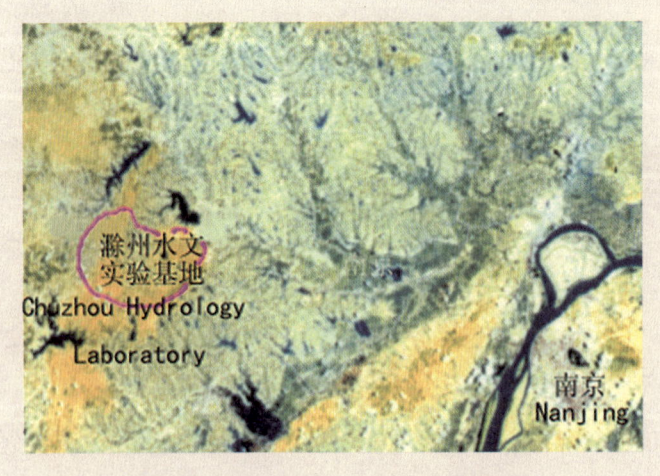

(1) 滁州水文实验基地位置图

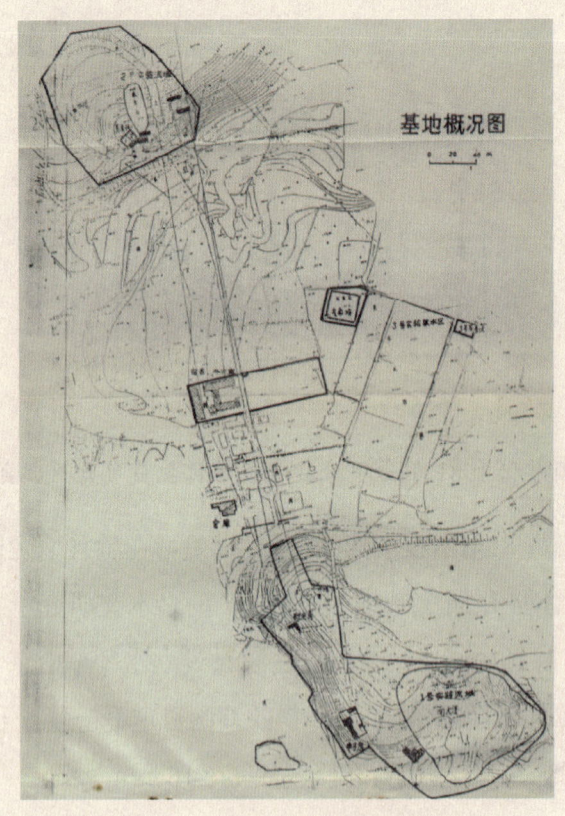

(2) 滁州水文实验基地概况图

图 2.16　滁州水文实验基地位置和概况图

9月10日，滁州实验基地正式成立。顾慰祖担任南京水文研究所滁州实验基地负责人。在制订的1982年至1985年规划中，提出基地的主要任务是：

（1）开展径流形成物理机制的研究；

（2）开展水平衡要素的测定及方法仪器的研究；

（3）开展同位素技术在水文中的应用研究；

（4）开展核技术在水文中的应用研究；

（5）开展遥感技术在水文中的应用研究。

对基地水文实验方法，则提出：

（1）必须改变从水量水质的静态方向认识水文现象的方法，应从与水圈相联系的各个方向动态地进行实验研究；

（2）过去的水文概念受实验方法限制，必须引用现代技术特别是核技术；

（3）基地实验系统应外延依托其他类型的代表流域。

基于上述考虑，顾慰祖提出了"杂交水文学"的概念。

实际上，1966年水利部水文司王厥谋、程渭钧、陈道宏及华士乾等曾带顾慰祖一起去湖北英山石桥铺，住在那里进行考察，准备在那里设立酝酿已久的全国性实验站；后因故推迟了十几年，直到南京水文所重建，才由水利部批复建立。对于滁州实验基地，1997年的《中国水文志》称其为"这一时期径流实验研究最重要的发展"。

年内发表了1篇学术论文（含技术研究文件）（中/1，英/0，第一作者1篇）。

1982 年

是年51岁。

为水利水电部水文局主编水文职工培训教材《水文学基础》，其间与参编该书的黑龙江水利专科学校季山老师相识并成为好友。

1982年晋升高级工程师时，顾慰祖总结了自己的科研工作成果，主要有以下方面。

（1）研究、执笔写出《淮河综合法推求单位过程线方法》等各种报告。

（2）提出平原区降雨径流与潜水动态的关系和计算方法。

（3）提出平原区径流过程的槽蓄改正计算方法。

（4）撰写淮河流域降雨径流分析总结报告中的三章和支流设计洪水计算方法等内容。

（5）设计建造了当时国内新型、大型的潜水动态实验场，研究潜水蒸发和潜水动态与降雨径流的关系。

（6）设计了运用热量平衡方法研究平原地区蒸散发量的成套方法。

（7）制定平原径流实验工作规程。

（8）设计建造了当时水文系统最大的量水设备（通过百年一遇洪水）。

（9）提出水文实验新途径、新方法的设想。

（10）设计建造了一些新型量水设备并提出了对径流量水设备新的分类方法和一些不同观点。

（11）设计试建了与国内外有所不同的实验流域，提出了模拟流域。

（12）引进核技术于水文实验中，设计试建了表层型中子测水探头，与南大的插入型设备相配套。设计了中子测水率定装置，运用示踪原子研究下渗。

（13）试制了大型蒸渗仪。

（14）试建了热量平衡水田蒸散发研究场，制定了具体方法和查算表，能使之定型应用。

10月4日，水电部（82）水电干字第86号文授予顾慰祖高级工程师职称。

在安徽滁州实验基地工作，顾慰祖设计建成了一个人工实验集水区，以改进水文实验的效果，他自撰了一个英文名"Hydrohill"，中文称"水文山"。实验基地归属南京水文所领导后，他在原来设施的基础上继续增添和改进了许多观测项目。

顾慰祖设计建立的滁州水文实验基地的各种实验设施，首次在国内进行了大规模的潜水蒸发观测研究和分层径流的直接观测研究，他在滁州实验基地内建成了世界上"独一无二"的分层径流观测设施"水文山（Hydrohill）"。

美国《流域水文学中的同位素示踪剂》(*Isotope Tracers in Catchment Hydrology*)一书的作者 Carol Kendall 和 Jeffrey McDonnell 在 2001 年评价滁州设计建造的实验流域水文山（Hydrohill）时，认为"水文山"的实验流域为研究流域内发生的过程提供了一个独特的(unique)机会。特别在该书的结论中提到了"水文山"可能是人类历史上小流域水文学中最大的公共工作。

The Hydrohill is perhaps the largest public works effort in small catchment hydrology in the history of mankind.

书中给出的结论是：

"水文山"的实验流域为研究流域内发生的过程提供了一个独特的机会。在各类仪器的帮助下，我们可以获得有关土壤水、地下水和地下潜流在数量上、化学上和同位素组成上的空间和时间变化的详细信息。

CONCLUSIONS

The Hydrohill experimental catchment provides a unique opportunity to investigate processes taking place within a catchment. Because of all the instrumentation, detailed information about spatial and temporal changes in amounts and chemical and isotopic composition of soil water, groundwater, and subsurface flow from several horizons is available.

该书的作者在 2001 年《水文过程》(*Hydrological Processes*)期刊发表的学术论文中，对于为什么是独特的（unique）作了进一步的说明，并认为水文山是小流域水文学中有史以来最大的贡献。

Carol Kendall（《同位素水文学》第十八章"淡水生态水文系统"的作者）现为美国地质调查局（United States Geological Survey，简称 USGS）东部中心 Menlo Park 同位素实验室的负责人，曾以滁州基地水文山实验资料完成了博士论文，获得美国马里兰大学的博士学位。论文题目是"Impact of isotopic heterogeneity in shallow systems on stormflow generations"，主要创新点是水文山降水过程中分层径流和流域内土壤水、地下水相应的环境同位素时程分配、空间分布。

是年，顾慰祖发表《小河测流建筑物量水方法》一文，文中认为：

近年来我国小河站网（包括实验流域）有了很大发展，这对水资源研究、工程水文以及水文学发展，都有重要意义。由于小河的特殊水情（如涨落率大、水流不稳定、水深常较小、洪峰径流模数高而小流量的历时却较长等），如用常规流速仪方法测验，组成流量的各种随机不确定度都将大大增加，再加上测验中的各种系统不确定度，流量误差往往很大，从而降低了小河站网的价值而达不到预定目的，这是一个应该引起重视和亟待解决的问题。量水方法对高、低水流量有比较统一和合理的精度和准确度，又能连续记录，并符合发展水文遥测的要求，因而受到普遍重视。

5月，顾慰祖指导南京大学地理学系陆地水文专业1980级本科班学生到滁州水文实验基地实习，顾慰祖主讲了一堂科学有趣、生动形象、富有前瞻性的课，主旨内容是"从实验水文至科学水文"，打开了学生们的眼界，开拓了学生们的思维空间。

年内发表了4篇学术论文（含技术研究文件）（中/4，英/0，第一作者3篇）。

1983 年

是年52岁。

5月6日，顾慰祖先生带领南京大学地理系1981级陆地水文专业约20人在滁州水文基地参观并讲解室内实验设备与野外观测场地，通过现场参观，同学们加深了对水文实验观测与研究工作的认识。

暑假期间顾慰祖带女儿顾圆到北京，在西山脚下永定河旁的三家店校对《水文学基础》书稿。

1983年至1985年期间，顾慰祖在滁州基地从事水文基础理论和径流形成物理机制方面的实验研究，应用常规水文测验方法结合对某些水文要素的核测验方法开展了探讨工作。

年内编写南京大学讲义《实验水文学》。

7—8月，与南京大学地理学系水文教研室吕明强老师共同指导陆地水文专业1980级本科生——周成虎（中国科学院院士，中国科学院地理科学与资源研究所研究员）、任立良（河海大学二级教授，国务院政府特贴专家，2011—2015年担任国际水文科学协会副主席）、张守贤（南通市水利勘测设计研究院有限公司董事、副院长）进行水文专业为期1.5个月的生产实习，内容包括从河流下游溯源而上踏勘河流源头、航空像片立体判读、流域下垫面不同自然地理要素综合分类、不同地理分区上选点进行入渗仪器参数测定、数据分析与作图、实习报告撰写等。

年内发表了6篇学术论文（含技术研究文件）（中/6，英/0，第一作者5篇）。

1984 年

是年53岁。

2月23日至3月15日，在南京大学讲授"实验水文学"课程。

5—6月，与南京大学地理学系吕明强老师共同指导陆地水文专业1980级三位本科生的毕业论文，周成虎毕业论文题目是"论前期影响雨量与土壤含水量关系"，任立良毕业论文题目是"土壤水的分层观测及其衰减规律探究"，张守贤毕业论文题目是"中子法在小流域降水入渗与土壤前期影响雨量计算的应用"。

顾慰祖主编的《水文学基础》（见图2.17）由水利电力出版社出版。

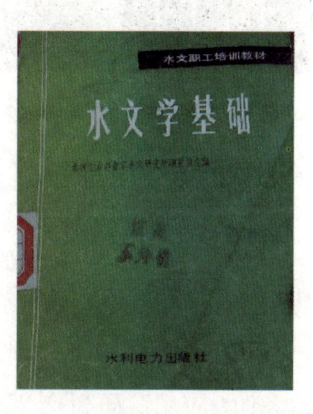

图2.17 《水文学基础》一书封面

年内发表了 8 篇学术论文（含技术研究文件）（中 / 8，英 /0，第一作者 5 篇）。

1985 年

是年 54 岁。

1985 年起，在滁州基地进行了国内首次使用环境同位素方法进行水文研究的工作。

5 月，顾慰祖带南京大学地理学系陆地水文专业师生参观滁州水文实验基地（见图 2.18）。

图 2.18　1985 年南京大学师生参观滁州水文实验基地
（图中立者为顾慰祖，左一为南京大学地理系章海深，左二为胡顺福，
右一为南京大学吕明强）

1985 年（中国加入国际原子能机构的第二年），水利水电部水文局派南京水文研究所顾慰祖参加国际原子能机构在土耳其阿达纳召开的"同位素和核技术在干旱半干旱地区水文学中的应用"研讨会（Adana Seminar）。

10月，顾慰祖从北京出发，经孟买、雅典、苏黎世、伊斯坦布尔中转，于1985年10月13日到达土耳其阿达纳（Adana，土耳其阿达纳省省会）。这是中国第一次参加IAEA的水文活动，也是顾慰祖第一次出国进行学术交流。"在这次会议期间，双方商谈了进一步合作的具体内容（与西德①建立了研究联系）"（见《中国水文志》）。会议结束后，27日从阿达纳返程，经伊斯坦布尔、卡拉奇中转，29日回到北京。图2.19为顾慰祖在此次会议上的照片。

图2.19 顾慰祖1985年在土耳其国际原子能机构会议上

顾慰祖被聘任为武汉水利电力学院兼职副教授。图2.20为武汉水利电力学院发给顾慰祖的圣诞和新年祝贺信。

图2.20 武汉水利电力学院发给顾慰祖的圣诞和新年祝贺信

年内发表了5篇学术论文（含技术研究文件）（中/3，英/2，第一作者5篇）。

注：①指联邦德国。

1986 年

是年55岁。

顾慰祖被聘任为黑龙江水利专科学校兼职副教授。

顾慰祖被聘任为合肥工业大学水利系兼职教授，指导合肥工业大学的研究生夏岑岭（图2.21）。

图2.21　1986年顾慰祖（左三）在合肥工业大学与赖佩英（左一）、李祖寿教授（左二）及他们的硕士研究生夏岑岭（右一）的合影。（照片请专业美工师祖茂勤修复）

顾慰祖被评为优秀共产党员。

7月，南京水文研究所党字第8号文正式任命顾慰祖为滁州实验基地主任。

顾慰祖编写的词条被中国农业百科全书收录，分别是：水文核技术（第750-751页）、农业水文实验研究（第755-756页）、蒸渗仪（第981-982页），其拍摄的模拟实验流域、稻田需水量的田间小区试验、土壤水分中子法测验照片亦作为该书插图使用（第41-45页）。

年内发表了 5 篇学术论文（含技术研究文件）（中 /5，英 /0，第一作者 3 篇）。

1987 年

是年 56 岁。

顾慰祖被聘任为国际原子能机构 5001/RB 项目首席科学研究员（Chief Scientific Investigator）。

由国际原子能机构和联合国教科文组织（UNESCO）联合组织的"同位素技术在水资源开发中应用的国际学术会议"，于 3 月 30 日至 4 月 3 日在奥地利首都维也纳国际中心（VIC）召开，来自 49 个国家和国际组织的 163 名代表出席会议。中国科学院蔡祖煌、水利电力部顾慰祖、核工业部肖丰和地矿部王东升四人出席会议。顾慰祖 3 月 21 日从北京出发，经沙迦、法兰克福中转，3 月 28 日到达维也纳参加国际原子能机构第七次会议。4 月 7 日从维也纳返程，经法兰克福、罗马、沙迦中转，4 月 9 日回到北京。

图 2.22（1）为顾慰祖此次在维也纳的留影。顾慰祖在会议上提交的论文《实验集水区陆面蒸发面分布特征的中子法研究》被收入会议论文集[图 2.22（2）]，这也是论文集中唯一的由中国作者提交的研究论文。

（1）1987 年顾慰祖在维也纳参加国际原子能会议

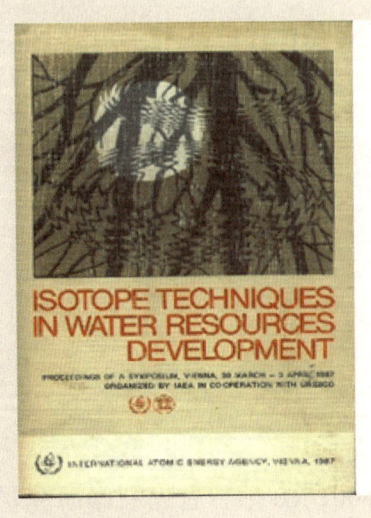

（2）1987年国际原子能讨论会文集（右边为顾慰祖提交的论文）

图 2.22　顾慰祖1987年在维也纳参加国际原子能会议并提交论文

顾慰祖从1971年在农村落户时意外得到的国际原子能机构同位素应用于水文研究国际讨论会文集开始"学步"，意想不到的是，16年后会梦想成真，参加了1987年第七次讨论会，并提交了自己的研究文章；然后持续参加各次会议，一直到2007年参加第十二次讨论会。

顾慰祖被聘任为武汉水利电力学院兼职教授。

8月16日，从北京出发，经呼和浩特、银川、永宁、中卫到内蒙古阿拉善盟、额济纳旗等地进行第一次西北地区沙漠野外考察。

9月10日，从额济纳旗返程，经酒泉、嘉峪关、兰州、呼和浩特等地回到滁县。

顾慰祖编写的词条被《中国大百科全书——大气科学 海洋科学 水文科学》收录，分别是：水文实验（第723页）；水文核技术（第710页）；实验流域（与吴学鹏合编，第677页）；佩罗，P.（与胡方荣合编，第576页）。他拍摄的中子土壤水分测定仪、南京水文水资源研究所2号模拟实验流域、分层径流试验照片亦被收录。

年内发表了13篇学术论文（含技术研究文件）（中/9，英/4，第一作者12篇）。

1988 年

是年 57 岁。

提交论文发表但未派员参加的会议有干旱半干旱地区湿地水文学国际讨论会、地下水和地表水关系国际讨论会。

年内发表了 9 篇学术论文（含技术研究文件）（中 /6，英 /3，第一作者 2 篇）。

1989 年

是年 58 岁。

1 月 30 日，水利部经水人劳〔1989〕25 号文批准，顾慰祖享受教授、研究员的同等有关待遇（教授级高级工程师）。

4 月中旬，顾慰祖在滁州水文实验基地接待了前来考察访问的美国地质调查局 Kennedy、Peters 和 Carol 一行三人，并在水文山植树留念［见图 2.24 (8)］。接着，顾慰祖陪同美国客人去了湖南、西安、北京和呼和浩特等地游览，5 月上旬回到北京。

5 月 23 日，经呼和浩特到内蒙古乌拉特前旗、巴彦淖尔市临河进行第二次沙漠科学考察。5 月 31 日，经呼和浩特回到滁县。

9 月 5 日，经兰州、武威、张掖、酒泉到内蒙古额济纳旗进行第三次沙漠科学考察，9 月 30 日回南京。

10月29日，到北京准备去美国访问事宜。

11月1日，应美国地质调查局邀请，顾慰祖率3人代表团第一次访问美国，参加美国地质调查局全美水质（包括水中同位素）讨论会；就中美地表水研究合作项目与美方进行交流，滁州基地水文实验与国外同行的合作自此开始。他们从北京出发，途经旧金山（San Francisco）、拉斯维加斯（Las Vegas）、图森（Tucson，美国亚利桑那州南部城市），11月15日访问丹佛（Denver，USGS中部办事处），经奥兰多（Orlando）到达USGS总部弗吉尼亚州雷斯顿（Reston）进行访问。返程时经华盛顿（Washington, DC）、亚特兰大（Atlanta）、旧金山，25日回到北京。图2.23为顾慰祖在美国留影。

图2.23　1989年顾慰祖在美国

提交论文发表但未派员参加的会议有流域水文地球化学讨论会和第28届国际地质大会。

年内发表了8篇学术论文（含技术研究文件）（中/3，英/5，第一作者6篇）。

1990 年

是年 59 岁。

从 1990 年起，顾慰祖在滁州基地使用化学离子方法进行水文基础研究工作，这也是国内首次。

顾慰祖去荷兰瓦赫宁根（Wageningen）参加以水文实验为主题的"水文研究流域和环境"国际科学讨论会（International Conference on Hydrological Research Basins and the Environment）。顾慰祖在讨论会上介绍了中国水文实验流域研究概况，受到了多国与会者的好评，他们纷纷提出了与中国进行合作研究的请求。

自 9 月 15 日起，在德国汉诺威、荷兰瓦赫宁根等地进行访问研学。

自 10 月 6 日起，在莫斯科瓦尔达依水文实验基地等地进行访问研学；24 日，乘火车经集宁回到呼和浩特。

11 月 7 日，经北京、呼和浩特至乌拉特前旗、临河进行第四次沙漠科学考察，再经由兰州、酒泉等地于 25 日到达额济纳旗考察。

12 月 11 日，经由呼和浩特返回，15 日回到滁县。

年内发表了 11 篇学术论文（含技术研究文件）（中 /3，英 /8，第一作者 8 篇）。

1991 年

是年 60 岁。

顾慰祖被聘任为合肥工业大学兼职教授。

3月1日，从北京出发，经由莫斯科、布达佩斯，8日到达维也纳参加联合国教科文组织及国际原子能机构主办的"水资源发展中的同位素方法"国际讨论会。22日经由华沙到列宁格勒（圣彼得堡）、莫斯科进行访问研学。

4月24日，乘火车离开莫斯科，经集宁、呼和浩特，于30日到达临河；5月5日经呼和浩特返回滁县。

顾慰祖编写了《滁州实验基地第一个十年简况（1981—1991）》。

年内发表了7篇学术论文（含技术研究文件）（中/5，英/2，第一作者4篇）。

顾慰祖在滁州水文实验基地主持工作10年期内（1981年至1991年），接待来基地访问的国外同行分别来自美国多所大学、美国地质调查局、加拿大温莎大学、加拿大滑铁卢大学、苏联国立水文研究所、苏联科学院水问题研究所。

滁州水文实验基地先后与国外多个研究部门（美国地质调查局、加拿大的大学、苏联科学院水问题研究所、苏联科学院工程地质水文地质研究所、德国地质调查局、意大利的大学、国际原子能机构）建立了科研合作关系，以帮助基地进行同位素分析和水化学分析，还与苏联瓦尔达依实验基地建立了友好合作关系，与欧洲实验流域站网建立了关系。

在此期间，顾慰祖先后考察了美国七个水文实验站、德国及苏联水文实验基地地质实验站和国际原子能机构的同位素实验室。

顾慰祖在国内第一次开设了《实验水文学》和《同位素水文学》两门课程。在南京大学、新疆大学、武汉水利电力学院、陕西机械学院（现西安理工大学）、合肥工业大学和黑龙江水利专科学校等院校为本科生及硕士、博士研究生约300人次讲课。在合肥工业大学首次设置国内实验水文学方向硕士研究生，随后在陕西机械学院共同招收了同一研究方向的硕士研究生。十年内在滁州水文实验基地接待大专院校学生、毕业生参访或做毕业论文等约500人次。

以下是顾慰祖在滁州水文实验基地与接待的国内外参观人员合影（见图2.24）。

（1）左一为顾慰祖

（2）Jeffrey McDonnell（左）和顾慰祖（右）

（3）部水文局领导视察滁州水文站

（4）Sklash（左）和顾慰祖（右）

（5）陪同苏联水文研究所人员参观

（6）陪同苏联科学院水问题研究所人员参观

（7）陪同美国同行 Pierre Y. Julien 考察滁州基地　　（8）陪同美国地质调查局客人考察滁州基地并在水文山植树留念

图 2.24　顾慰祖在滁州基地接待国内外同行

图 2.24（3）中，前排：左二为胡宗培（部水文局局长），右一为董维章（安徽省水文总站主任）；后排：左一为谢家泽，左二为陈家琦（部水文局局长），左三为吴正平，左四为刘金清（《水文》主编），右二为颜开（部水文局），右三为顾慰祖，右四为赵珂经（部水文司司长）

图 2.24（5）中，左一为唐海行（水文所），左二为汪德宇（水文所），左四为 L.A. Shiklomanov（苏联国立水文研究所所长），左五为顾慰祖

图 2.24（6）中，左一为顾慰祖，右二为苏联科学院水问题研究所所长，右一为唐海行（水文所）

图 2.24（8）中，左一为顾慰祖，左二为 Dr. Vance C. Kennedy，左三为 Dr. Norman E. Peters，右二为 Dr. Carol Kendall，右一为孔祥霖（滁州基地）

1992 年

是年 61 岁。

按规定顾慰祖应该在 1992 年在职工作到期，办理从工作单位南京水文水资源研究所退休手续；后报经水利部批准，延期到 1994 年 9 月正式离职退休。

9 月 9 日，顾慰祖从北京乘火车去莫斯科，在莫斯科停留 5 天后，于 18

日转道德国汉诺威，参加在德国举行的第六次"水文示踪研究"国际研讨会，并访问了卡尔斯鲁厄理工学院（Karlsruher Institut für Technologle）和弗莱堡大学（Universität Freiburg）。

10月13日，再经由汉诺威、莫斯科去俄罗斯圣彼得堡（Санкт-Петербург）大学访问交流，在当地住了一个多月，12月31日回国。

从20世纪50年代后期起，顾慰祖曾着迷于中译本苏联的《瓦尔达依水文实验研究》一书（长期以来这本书以及瓦尔达依水文实验，成了顾慰祖在水文研究中的崇拜和学习对象，他也确实从中学到了很多东西）。没有想到的是，35年以后的1992年，俄罗斯国立水文研究所（ГГИ）所长 Шиклoманов И А 聘顾慰祖担任俄罗斯国立水文研究所瓦尔达依水文实验基地高级科学顾问（1992—1994）。当时俄罗斯的经济条件已经非常困难，但是瓦尔达依还有60人在工作，基本上还是从事传统的水文实验研究，缺乏新概念，在同位素应用方面基本上还是空白。

顾慰祖在俄罗斯国立水文研究所瓦尔达依分所（水文实验基地）工作期间研究了干旱地区露水作用，完成了研究报告（见图2.25，图2.26）。

图2.25　顾慰祖（右）在ГГИ所办公室内

图2.26　顾慰祖在瓦尔达依实验基地工作

顾慰祖被聘任为国际水文科学协会中国国家委员会委员。

是年，顾慰祖发表《集水区降雨径流响应的环境同位素实验研究》一文，该文内容摘要如下。

利用环境同位素氚和氧-18对实验集水区进行降雨和径流响应的研究表明：（1）地面径流必源于本次降雨的概念不正确，其中往往有非本次降雨的水量。经对 1986—1989 年各次降雨进行估算，非本次降雨贡献最高可达 50.5%。（2）非饱和带壤中流和饱和带地下水径流中必有非本次降雨的水量，并与地面径流一样，在次降雨径流过程中有时程变化。（3）对不同径流组成的流量过程，非本次降雨所占的比重不同。通过分析，可知降雨径流相关关系中的一一对应假定不确切，传统的过程线经验划分方法和现行同位素划分方法的有关基本假定不完全符合实际。因此，文章建议，传统的降雨径流经验关系和单位线概念需重新考虑。

年内发表了 5 篇学术论文（含技术研究文件）（中 /1，英 /4，第一作者 3 篇）。

1993 年

是年 62 岁。

顾慰祖元旦到哈萨克斯坦共和国阿拉木图看望女儿顾圆。

5 月 8 日，顾慰祖从北京出发，经呼和浩特、磴口于 16 日抵达乌兰布和沙漠进行第五次考察。再经磴口、包头、西安回到南京。

8 月 28 日，顾慰祖从南京出发，经呼和浩特、临河、磴口到包日陶勒盖、沙金套海等地进行第六次考察；再转道磴口、敦煌，9 月 14 日抵达额济纳旗考察 4 天。18 日经由敦煌、酒泉、嘉峪关、兰州，于 9 月 27 日回到滁县。

美国马里兰大学（University of Maryland）博士研究生 Carol Kendall 在滁州基地进行实验水文研究，使用水文山资料完成了他的博士论文中的核心章节（见图 2.27）。

Kendall 博士在论文的前言中加了这样一段文字：感谢南京水文水资源研究所的顾慰祖教授收集了样本，提供了所有的基础水文资料，并对研究提出了宝贵的意见。

I wish to thank Professor Gu Weizu of the Nanjing Research Institute of Hydrology and Water Resources for collecting the samples, providing all the basic hydrological data, and valuable comments on the study.

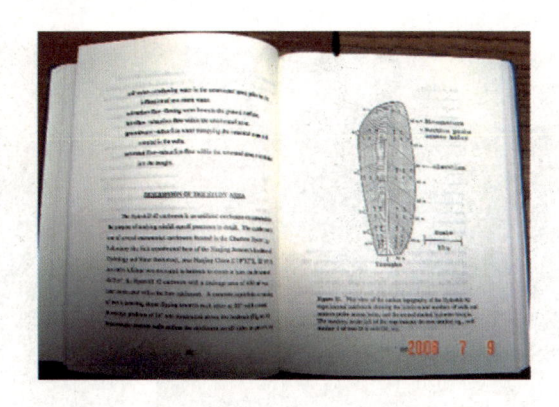

图 2.27 论文中的两页

年内发表了 5 篇学术论文（含技术研究文件）（中 /2，英 /3，第一作者 4 篇）。

1994 年

是年 63 岁。

顾慰祖被聘任为西安理工大学兼职教授。

9 月，办理退休手续，同时由工作单位南京水文水资源研究所返聘到 1995 年 12 月底，负责大同口泉地区地下水资源的环境同位素研究项目。

以色列理工大学农业工程系主任 Dan Zaslavsky 邀请顾慰祖先生担任访问教授（Visiting Professor，因故未去）。

从 1994 年开始，与德国、南非朋友合作去内蒙古戈壁、沙漠地区考察，骑骆驼从南到北穿越了巴丹吉林沙漠，研究乌兰布和沙漠地下水。

8 月 26 日，从南京出发，经呼和浩特、临河、额济纳旗，进入巴丹吉林沙漠进行第七次科学考察；9 月 28 日通过乌力吉、包头回到呼和浩特。

这是顾慰祖第一次进入内蒙古巴丹吉林沙漠进行考察，当时便立刻被这里沙漠的独特水文地貌特色所吸引（见图2.28）。

（1）沙漠考察中合影，左二为顾慰祖　　（2）向导带顾慰祖（左一）在沙漠中

图2.28　顾慰祖第一次在巴丹吉林沙漠考察

年内发表了4篇学术论文（含技术研究文件）（中/1，英/3，第一作者2篇）。

1995 年

是年64岁。

顾慰祖被聘任为国际原子能机构8551/R1项目首席科学调查员（Chief Scientific Investigator）。

8月15日起带队进入内蒙古阿拉善左旗、额济纳旗考察。9月3日在1号营地考察，4日在2号营地考察，5日在3号营地考察，6日在4号营地考察，7日在5号营地考察，18日在7号营地考察，19日在8号营地考察，20日在9号营地考察，21日在10号营地（古日乃）考察；27日在额济纳旗工作。这是顾慰祖进行的第八次内蒙古沙漠野外考察，也是第一次大范围野外多点营地考察。10月9日，经由阿拉善左旗返程回到呼和浩特。

顾慰祖从1978年开始在水文学研究中应用同位素，但是后来在进一步的水文示踪研究中，就连最基本的水稳定同位素 ^{18}O 的测定在国内都很困难，所幸得到了IAEA、加拿大、德国、美国、俄罗斯、意大利和南非同行的帮助，特别是德国和南非还帮助免费做了许多 ^{14}C 的测定。这使得顾慰祖能够在国内继续做一些研究工作并取得了实践经验，如：1989年水文实验中的水文示踪、1994年试验应用铀系不平衡于山西深层地下水系统、1995年后的干旱地区地下水水源研究等。

1995年滁州基地在实际上被关闭的情况下，美国俄勒冈州立大学Jeff J. McDonnell教授曾计划在美国建立一个"Hydrohill-2"，以继续此项研究。

滁州水文山在1982—1995年的主要同位素试验工作历程如下：1989年开始水文示踪，1995—2008年关停；2008年启动重建，2009年开始重新观测直至现在继续进行中。

是年，顾慰祖发表《利用环境同位素及水文实验研究集水区产流方式》一文，该文的研究说明如下：

在专门设计建造的3个实验集水区内，测得降水有地面及地面下的各种径流响应，对1979—1992年多次产流现象经水文试验和环境同位素氚及氧-18进行了研究，识别出分别属于地面径流和地面下径流的共11种产流方式，各种产流方式中只有少数遵循达西定律，多数涉及水分通过水-气界面的特殊土壤水流动问题而与此不符。

年内发表了8篇学术论文（含技术研究文件）（中/2，英/6，第一作者4篇）。

1996

2022

第三乐章
老骥伏枥　志在千里

The Third Movement:
although the stabled steed is old, he dreams to run for a thousand miles

（1996—2022 年）

1996 年

是年 65 岁。

3 月 21 日，顾慰祖从北京出发，经由香港访问尼泊尔加德满都（见图 3.1）参加高山地区生态水文学国际会议，发表了《中国西藏拉萨天然水域地球化学的中子活化研究》的研究报告。

图 3.1　顾慰祖在加德满都

4 月 2 日，前往西藏拉萨，顾慰祖被聘任为西藏自治区水文水资源勘测局高级科学顾问；6 日经成都回到滁县。

9 月 1 日，顾慰祖开始第九次野外沙漠考察。从南京出发，经兰州、酒泉、额济纳旗、东风场、古日乃抵达布龙呼都格，15 日回古日乃再到额济纳旗，23 日从阿拉善左旗返程，经由银川、兰州回到滁州。

10 月 19 日，从上海出发去美国，经由旧金山抵达波士顿，申请地球观察研究志愿者获得批准；29 日回到旧金山。

11 月 15 日，经由西雅图回国，27 日回到滁州。

顾慰祖发表《论流量过程线划分的环境同位素方法》一文，其自1987年起，在实验流域和代表流域对现行流量过程线划分两种径流成分的环境同位素法的基本假定进行了实验检验。结果表明：由于流域水文系统同位素条件的复杂性，8项基本假定大多是不正确的，应用该模型所得结果误差较大。研究认为对天然流域流量过程线使用环境同位素方法划分两种或两种以上径流组分时，必须具有4项必要条件，才能取得合理结果。

年内发表了6篇学术论文（含技术研究文件）（中/1，英/5，第一作者3篇）。

1997 年

是年66岁。

顾慰祖被聘任为地球观察研究院内蒙古水损失项目（Earth Watch Institute "Inner Mongolia's Lost Water"）首席研究员（Principal Investigator）。

7月8日，从西安出发进行第十次沙漠考察，经由酒泉、额济纳旗、黑城、额济纳旗，20日抵达古日乃，返程时于26日从额济纳旗出发，经由乌力吉、阿拉善左旗、银川，30日回到西安。

8月12日，从西安出发，经由酒泉、额济纳旗、居延城、哲勒呼都格、额济纳旗、乌力吉、阿拉善左旗，31日抵达银川。

9月6日，从阿拉善左旗出发，14日抵达银川。17日再从阿拉善左旗、白石头出发进行野外作业活动，先后行进考察，途中经1号营地、2号营地、3号营地、4号营地、5号营地、6号营地、7号营地，10月1日到达9号营地，这是顾慰祖组织进行的第二次大范围野外多点营地考察活动。后经由白石头、阿拉善左旗、银川、阿拉善左旗于10月11日抵达西安，再经由敦煌、布龙呼都格、绿城等地，31日抵达额济纳旗（见图3.2）。

（1）顾慰祖带队在沙漠中行走　　（2）考察现场做渗透试验，右三为顾慰祖

图 3.2　第十次沙漠考察

在内蒙古额济纳旗，与"地球观察"项目科学考察志愿者合影（见图 3.3）。

图 3.3　顾慰祖（前排左二）与"地球观察"项目科学考察志愿者合影

发表《同位素示踪划分藤桥流域流量过程线的试验研究》一文，顾慰祖在流域面积为 303 平方千米的藤桥流域（山区），对现行同位素流量过程线划分方法的合理性，用环境同位素氧-18 作了试验研究。结果表明：现行方法在其两种径流成分的混合模型中，对降雨和地下径流均用单一同位素含量表征是不正确的，将导致划分结果有误。由图解划分方法所得的地下径流，在本工作条件下，表明它近似于块状岩类裂隙水为主的地下补给，不包括主要属第四系的风化层和冲积堆积层的地下径流部分。由试验结果可见，利用环

境同位素划分流量过程线的基本前提之一是必须考虑降水、河水和地下径流中同位素含量的时程变化。

年内发表了4篇学术论文（含技术研究文件）（中/3，英/1，第一作者4篇）。

1998 年

是年67岁。

5月22日，第十一次去沙漠。从西安出发，经由酒泉、额济纳旗和哲勒呼都格等地为年内的科学考察活动做相应的准备工作。31日，经由额济纳旗、嘉峪关、西安，6月8日，回到滁州。

7月1日，第十二次去沙漠工作。从西安出发，经由嘉峪关，6日到布龙呼都格考察，12日到黑城，16日到额济纳旗，经由阿拉善左旗、北京前往蒙古乌兰巴托，8月4日，回到北京。

8月6日，经由额济纳旗、黑城、阿拉善左旗，于14日抵达西安。9月1日，经由黑城、额济纳旗、阿拉善左旗抵达银川；16日经阿拉善左旗于21日到敖呼图、长泉、巴尔吉格尔等地考察（见图3.4）。

（1）考察队在基地合影，左二为顾慰祖　　（2）1998年顾慰祖在布龙呼都格沙漠中挑水

（3）考察中的午餐　　　　　（4）在布龙呼都格就餐

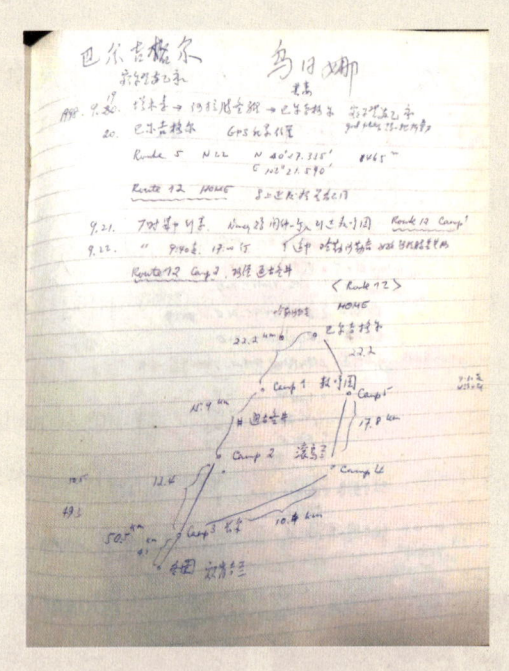

（5）1998年9月19日至22日顾慰祖的考察工作日记

图 3.4　第十二次沙漠考察

在沙漠开展科学考察活动的条件很艰苦，饮食主要为方便面、面包、火腿肠、咸菜等；而且沙漠腹地通信条件差，国际组织、水利部和中科院地理所的电传文件，由陕西省水文局转送额济纳旗政府，再由旗政府派专人送达科考队。

发表论文《阿拉善高原地下水的稳定同位素异常》，顾慰祖在 1987—1995

年间对降水、黑河水和古日乃草原地下水作了定位观测，在巴丹吉林沙漠水文探险中采集了沙漠和戈壁地下水及湖水。研究结果表明：降水同位素组成 $\delta D \sim \delta^{18} O$ 与 Craig 线相同，但发现了地下水的 $\delta D \sim \delta^{18} D$ 关系平行于降水线且有氘盈余为负达 $-22‰$ 的异常，其成因不明。由地表、地下水环境同位素组成，分析了黑河治理规划实施后可能对地下水资源产生的工程影响，它近期不会成为古日乃草原沙漠化进程的因素，但对额济纳绿洲的影响却不容忽视。

年内发表了 4 篇学术论文（含技术研究文件）（中 /1，英 /3，第一作者 3 篇）。

1999 年

是年 68 岁。

顾慰祖被聘任为国际原子能机构派赴蒙古国专家团专家（Expert Mission to Mongolia），去蒙古国短期工作，负责该国水资源同位素项目（见图 3.5）。在研究工作中与蒙古国水文界同行建立了合作关系，后来在研究内蒙古黑河地下水时得到了他们的帮助，考察队可以派人去临近额济纳旗的蒙古国南戈壁省采样。

（1）顾慰祖在蒙古国的办公室　　（2）顾慰祖（中）与蒙古国主要合作者一起合影

(3)顾慰祖（左二）在蒙古乌兰巴托工作

图 3.5　顾慰祖在蒙古国工作

　　5月6日，从上海出发，经由维也纳，于15日抵达汉诺威；20日从维也纳返程经由上海回到滁州。

　　6月27日，开始第十三次沙漠考察，途经西安、阿拉善左旗、敦煌、嘉峪关，7月30日到达哲勒呼都格。8月10日，抵达额济纳旗、阿拉善左旗。8月24日，前往布龙呼都格、黑城考察。9月6日在阿拉善左旗、阿拉善右旗工作，10月8日离开银川返程，10日回到滁州。

　　顾慰祖在陕西停留期间大力推进建立降水同位素站网。陕西省水文局刘平贵副局长和西安水文局局长巨先顺陪同顾慰祖和庞忠和驱车深入秦岭山区分水岭鸡窝子等多处雨量站勘查找点；分水岭地处山脊，风大，顾慰祖和庞忠和双双染上重感冒，在西安发高烧卧床两日。

　　年内发表了3篇学术论文（含技术研究文件）(中/0，英/3，第一作者0篇)。

2000 年

是年69岁。

6月3日，经由上海、北京到达以色列特拉维夫，参加2000年关于水与环境问题国际会议，在会上以第一作者的署名和Mebus A. Geyh合作发表了论文《内蒙古阿拉善高原干旱地区水化学研究（Hydrochemistry of the arid Alxa Plateau, Inner Mongolia）》。7日在本·古里安大学斯德伯格校区（Sede Boqer），13日在海法，18日，经由上海回到滁州。研讨会论文集由以色列水科学技术中心（CWST）出版。图3.6是论文集封面和目录。

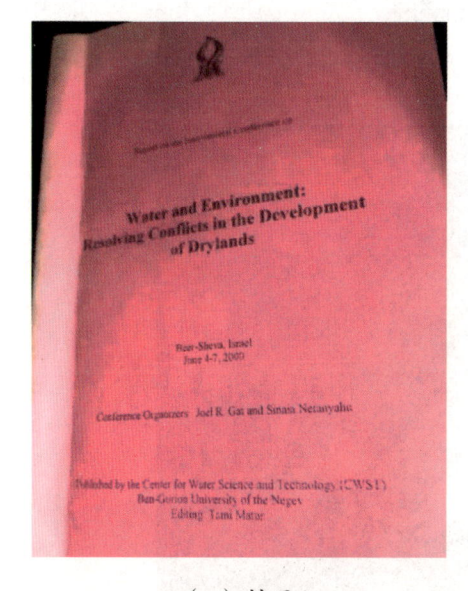

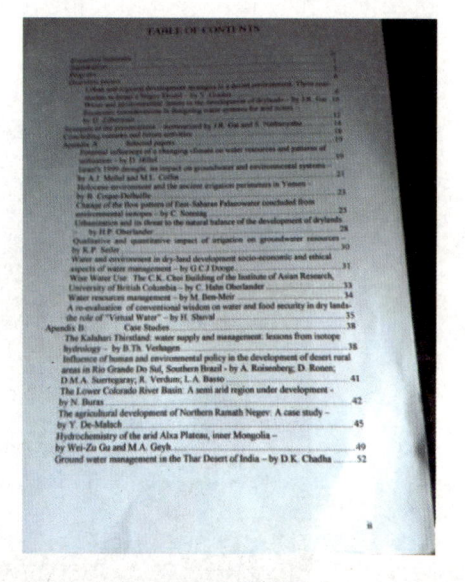

（1）封面　　　　　　（2）目录（第49页为顾慰祖的论文）

图3.6　研讨会的论文集封面及目录

顾慰祖在国际原子能机构会议上作内蒙古阿拉善沙漠考察的学术报告，报告部分内容见图3.7。

（1）阿拉善沙漠考察的学术报告　　（2）渗透试验现场，左三为顾慰祖

图 3.7　2000 年内蒙古阿拉善沙漠考察学术报告

6 月 28 日，开始第十四次野外沙漠考察，从滁州出发，经由西安、敦煌、额济纳旗，7 月 7 日抵达黑城，12 日在小扎干敖包停留 8 天，20 日到达阿拉善左旗，30 日在额济纳旗黑城考察。9 月 14 日，到银川、阿拉善右旗，9 月 24 日开始在 1 号营地、2 号营地、3 号营地、4 号营地、5 号营地考察，10 月 1 日抵达基地伊和呼和，这是顾慰祖组织进行的第三次大范围野外多点营地考察活动。3 日经由阿拉善左旗、西安，于 10 月 12 日回到滁州（见图 3.8，图 3.9）。

图 3.8　顾慰祖在现场采样，左一为顾慰祖

图3.9　2000年考察队合影，第二排左起第六人为顾慰祖

发表论文《环境同位素硫在大同南寒武－奥陶系地下水资源研究中的应用》，摘要如下：

在对山西大同口泉沟南寒武－奥陶系碳酸盐岩地下水（岩溶水）资源的开发研究中，利用不同价态硫富集 ^{34}S 的不同以及硫同位素分馏，主要是硫酸盐和硫化物中 $\delta^{34}S(SO_4^{2-})$、$\delta^{34}S(SO_4^{2-})$ 的变化，分析了岩溶水的来源，区分出表征循环交替和补给条件的三种地下水类型和环境，识别出口泉南水文地质区内各个地下水子系统及其相互关系。对岩溶水开发中泉域划分问题，使用硫同位素之间的关系，并结合硫酸盐中氧同位素 $\delta^{18}O(SO_4^{2-})$ 以及 ^{14}C 的关系，表明本区与相邻的两泉域相互独立。岩溶水中 $\delta^{34}S(SO_4^{2-})$、$\delta^{34}S(HS^-)$ 和 $\delta^{18}O(SO_4^{2-})$ 有很大变幅，神头泉 Z1 岩溶水有罕见的异常值。

年内发表了2篇学术论文（含技术研究文件）（中/1，英/1，第一作者2篇）。

2001 年

是年70岁。

6月，因科研体制改革，滁州基地随南京水文水资源研究所并入南京水利科学研究院。

7月1日，开始第十五次野外沙漠考察，经由西安、额济纳旗，5日在桃来乌苏，13日在苏勒图、阿拉善左旗，21日在西安，30日回额济纳旗到桃来乌苏。

8月5日，在苏勒图，13日经银川去西安。8月24日，经由嘉峪关、额济纳旗、陶来乌素，30日在苏勒图、阿拉善右旗，9月20日到基地，10月3日在阿拉善左旗，11日经由西安返回滁州（见图3.10，图3.11）。

图 3.10　2001 年考察队全体成员在长城遗址前合影，右一为顾慰祖

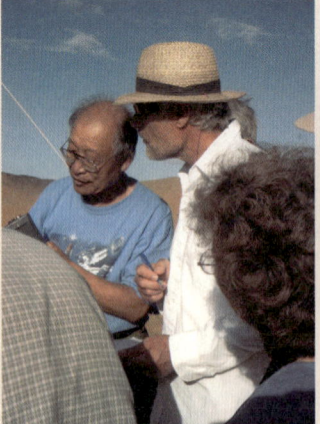

（1）准备出发　　（2）考察现场　　（3）Peter & Uli 和顾慰祖（左二）

图 3.11　2001 年顾慰祖第十五次沙漠考察

顾慰祖教授在西安期间还应邀在陕西省水利厅、陕西省水利学会、西安理工大学作"同位素水文学应用"学术报告，深受欢迎，获得好评。在去汉中勉县看望亲家时，陕西省水文局张宏斌处长陪同，路过秦岭山区再次察看分水岭地表情况。

发表论文《铀系不平衡在大同南寒武－奥陶系地下水资源研究中的应用》，摘要如下：

在大同口泉沟南寒武－奥陶系碳酸盐岩地下水资源勘探研究中，应用了铀放射系不平衡方法。由地下水中 ^{234}U 与 ^{238}U 放射性活度比的不平衡对相邻泉域作出区别，划分出岩溶地下水的 3 种类型，相应于强、中、弱径流条件和不同的含水层环境。利用 ^{234}U 盈亏指标识别了本区各岩溶地下水子系统、相互关系、补给源和混合比及其与侧向补给和侧向排泄的关系。地下水中铀含量和活度比有较大变幅，神头泉有罕见的小于久期平衡的铀放射性活度比。

年内发表了 3 篇学术论文（含技术研究文件）（中/1，英/2，第一作者 2 篇）。

2002 年

是年 71 岁。

被聘任为中国科学院水问题研究中心专家，任期 4 年。

6 月 24 日，顾慰祖陪同中国科学院地理科学与资源研究所夏军院士等人考察滁州水文实验基地（见图 3.12）。

图 3.12 夏军院士等人考察滁州水文实验基地
（从左到右：于静洁、顾慰祖、夏军院士、宋献芳）

7月1日，从西安出发，第十六次进入沙漠，在额济纳旗戈壁、草原和阿拉善右旗巴丹吉林沙漠考察和工作，经由嘉峪关、额济纳旗、桃来乌苏，11日抵达苏勒图考察。

滁州水文实验基地1号实验流域（南大洼）在被废弃10年后，由中科院资助于2002年7月开始重新观测。

8月1日，到桃来乌苏、苏勒图、巴彦浩特、西安、嘉峪关，25日再回桃来乌苏，30日到苏勒图，9月5日到巴彦浩特、银川，9月21日开始骑骆驼前往1号营地、2号营地、3号营地、4号营地、6号营地考察，这是顾慰祖组织进行的第四次大范围野外多点营地考察活动。于10月3日经由阿拉善左旗、银川，于10月10日回到滁州。

第4组考察队成员骑骆驼6天进入巴丹吉林沙漠腹地鹿图，为另一靠近湖泊（有咸、淡水湖各一）的新石器时代遗址。参加考察的外国人员有来自美国、英国、加拿大、德国、澳大利亚、爱尔兰、法国、挪威、奥地利、葡萄牙等10国的36人（女16人），包括德国水文所所长、美国加州大学系主任和年龄仅有十七八岁的中学毕业生。图3.13为Sylvia拍摄的考察照片。

(1) 额济纳旗中的居住场所 　　　(2) 考察现场，后排左二为顾慰祖

(3) 沙漠现场，左二为顾慰祖 　　　(4) 额济纳旗现场

(5) 额济纳旗沙漠采样，右一为顾慰祖 　　　(6) 现场分析，左一为顾慰祖

图 3.13　第四次大范围野外多点营地考察活动

在南京举办的国际原子能机构高级培训班上，顾慰祖宣讲了滁州水文实验基地的工作和成果。

发表《乌兰布和沙漠北部地下水资源的环境同位素探讨》一文，介绍了考察范围内的研究成果：工作范围在乌兰布和沙漠北部，面积共约 4 200 千米。年平均降水量 85～140 毫米，由西南向东递增，降水同位素组成 $\delta D \sim \delta^{18}O$ 恰与 Craig 线一致，并与阿拉善地区相同。测得地下水中同位素含量范围，$\delta^{18}O$ 为 $-74‰\sim 121‰$，氚为 $0\sim 190TU$，^{14}C 为 $17\sim 97\ pMC$。由地下水同位素组成区别出与降水线平行或相交的 6 种类型。从所有地下水水点，以及可能有补给关系的其他水点的各类同位素关系，包括 $\delta^{18}O$、T、$\delta^{13}C$ 和 pMC，识别出两类承压水的各 3 个补给源和潜水的 3 个补给源，并区别出一组氚含量极低的潜水，对不同位置的承压水和潜水，由其同位素关系估算出了各补给源的组成和变幅。

开始做自己的年度小结：老骥伏枥　志在千里（2002）；回顾一年内的主要经历。

年内发表了 3 篇学术论文（含技术研究文件）（中 /1，英 /2，第一作者 3 篇）。

2003 年

是年 72 岁。

继续被聘任为中国科学院地理科学和资源研究所专家，任期 4 年。

1 月，顾慰祖在滁州基地介绍滁州水文实验基地水文实验概况（见图 3.14）。

3 月 6 日，应德国柏林理工大学之邀，从上海出发去德国柏林自由大学、柏林理工大学访问研学，此后又访问了法国、瑞士、奥地利。后来又访问了瑞士联邦森林、雪与景观研究所（WSL），最后访问了苏黎世联邦理工学院（ETH）、奥地利环境研究所、德国水文研究所和国际原子能机构，开展学术交流。代西安理工大学与德方签订了合作进行地球物理研究的协议。4 月 7 日，回到滁州。图 3.15 和图 3.16 为顾慰祖此次出国访问留影。

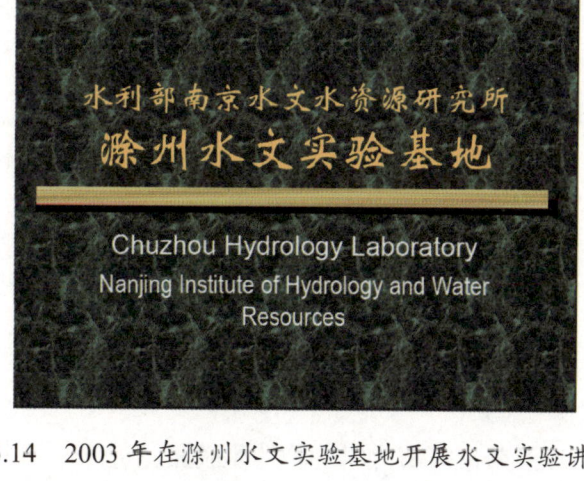

图 3.14　2003 年在滁州水文实验基地开展水文实验讲座

（1）顾慰祖在德国柏林自由大学工作 　　（2）顾慰祖在法国巴黎圣母院前

图 3.15　顾慰祖访问德国和法国

图 3.16　顾慰祖（左一）在奥地利环境研究所

8 月，继续担任地球观察研究院内蒙古水损失项目的首席研究员。第十七次进入内蒙古沙漠。这次考察原定有 4 个组参与，但因非典型肺炎（SARS）之

故，第一组和第二组都被迫取消。8月下旬开始的第三和第四组在额济纳旗戈壁、草原和阿拉善右旗巴丹吉林沙漠考察和工作。第四组骑骆驼行进6天进入沙漠腹地，到达呼和吉格特宿营，工作4天。这年先后有来自美国、英国、加拿大、德国、爱尔兰、奥地利等6国的16名外国成员（女8人）参加考察工作。

自8月16日起，考察队经西安、敦煌、嘉峪关，27日到桃来乌苏，31日到苏勒图，9月5日到巴彦浩特，14日到银川，9月21日进入营地1号、2号、4号考察，10月3日抵达阿拉善左旗，11日回到额济纳旗。这也是顾慰祖组织进行的第五次大范围野外多点营地考察活动。

考察期间，顾慰祖带河海大学的陈建生骑骆驼进入沙漠考察了12天，就是在这一次考察中，考察队发现了呈现生长状态的植物化石，通过对化石与水同位素分析，和陈建生等中外专家合作在《自然》杂志（*Nature*）上发表了《地下水维系沙山景观》的学术研究论文（见附录三）（见图3.17，图3.18）。

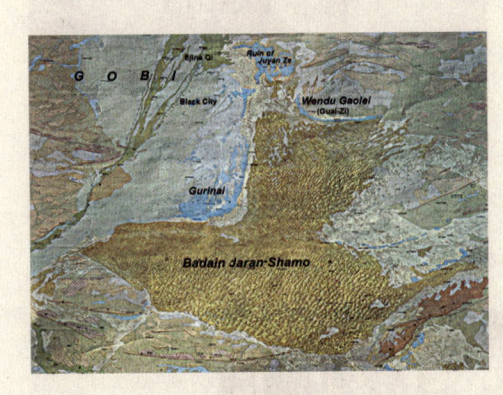

（1）阿拉善项目区域

（2）区域卫星图
（2003年在柏林自由大学取得）

（3）第四组工作点区域水质很好的泉

（4）在伊和吉格德（Yihejigede）湖附近考察时发现的呈现生长状态的植物化石

图3.17　第五次大范围野外多点营地考察

图 3.17（2）所在区域被美国航空航天局（NASA）描述为："淑女的扇子""无疑是世界上此类地貌中最大的一个"（"lady's fan""certainly one of the largest features of this kind in the world"）。

图 3.18　与 Nina Rock 讨论，右一为顾慰祖

11 月，河海大学聘顾慰祖为兼职教授，任期 3 年，给研究生主讲同位素水文学课程。

2003—2005 年，参与中国地质调查局南京中心对淮北平原的同位素研究工作，这个研究工作基本上覆盖了除湖西平原外的淮北平原大部分地区，研究对淮北浅层和深层地下水有了一些基本的认识，为后续工作打下了基础。

11—12 月，策划和参与了中国地质调查局淮河流域淮北平原地下水同位素研究。赴淮北做多项地下水同位素采样工作。由蚌埠出发，奔赴安徽蒙城、阜阳、涡阳、亳州、界首，以及河南周口、淮阳、郸城、柘城、杞县、开封、扶沟、许昌和驻马店等 14 县，采集了其不同深度的地下水水样和黄河水样（图 3.19）。途中还去了一趟太和县双浮镇，顾慰祖在 1959 年初至 1961 年春曾在太和县双浮镇做过水文测试，对此思绪颇多：许多地方已阔别 40 多年，面目全非，旧梦难寻。

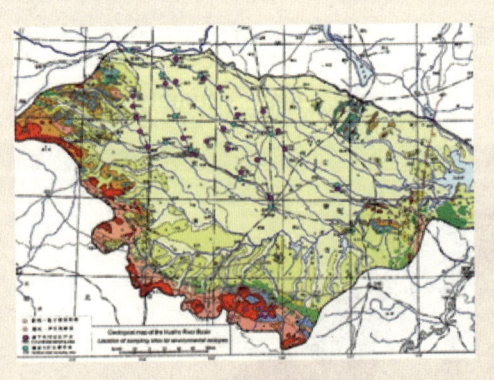

（1）地下水采样点　　　　　（2）水中 CFCs 采样（瑞士法）

图 3.19　2003—2005 年对淮北平原的同位素研究

在发表的《水文实验求是传统水文概念——纪念中国水文流域研究 50 年、滁州水文实验 20 年》一文中，顾慰祖回顾了径流实验研究 50 年来的曲折历程，总结了水文实验的经验教训并进行反思后提出："今日水文学之所以未巩固其作为一门科学的地位，其原因是水文学尚未能建立起其应有的科学基础。基于 20 世纪 30 年代经典实验方法所得到的水文传统概念，在许多方面表明需要修改。"

他第一次提出了在国内建立实验水文学作为科学水文学一个分支的建议。

水文实验所研究的水文现象涉及自然界几乎所有圈层的相互作用，不可能将它整个地带到实验室去研究，因而注定要有特殊的途径。几十年实践的教训表明：需要将上述有关的缺失环节补足。建议在国内有条件的位置建造实验水文系统（它包含着与此相应的各种类型的天然的和人工的实验对象）进行相应的研究；为此新设计建造的滁州水文实验基地就是一个成功案例。

几十年实验流域研究最根本的教训之一也许是：用系统理论模型（即"黑箱"）的概念以及只具备与之相应的手段，却企图得到确定性模型是国内外相关研究存在的一个通病。而这一问题只有随着现代技术的发展才能得到相应的解决。

滁州水文实验基地要建成一个以求实传统概念或者发展水文概念为目的的实验流域，要满足四个必要条件：①有被控制的边界条件；②各类径流组分必须可以实测；③必须将以水量为对象的水分循环、水量平衡扩展为联同其水化学和同位素组分的水文循环和水文平衡；④使用水文示踪特别是环境同位素示踪。滁州水文实验基地1～3号实验流域在规划之初就是一个以这样的变革为目的的试验场所。

中国现代水问题的研究，首先需要一个新模式来解决，即建立一个有不同研究内容、对象和目的，且研究程度也可以不同的流域研究（径流实验）站网，归属于在规模上属世界一流的水文站网；另一方面，实验水文系统的另一端，即更深入、更系统、更多控制的野外和室内基础性实验研究，则需要建立实验基地或重点实验室（Hydrology Laboratory），联合国内外的水文研究工作者一起进行实验研究。

发表《中国陆地水元素组成的中子活化分析试验》一文，研究发现：

对同期降水、江河水和地下水的元素组成，使用中子活化分析方法作了对比试验。降水取自分布于8个气候带的11个站，其海拔高程为5～3 659米，年平均降水量为50～1 571毫米。河水取自各主要江河包括内陆河和海岛的12个测站以及3个实验流域，并在其附近采集地下水。降水中共检出35种元素，各站有19～31种元素，同期均有空间分布。河水中共检出39种元素，各河分别有21～31种元素。地下水中共检出35种元素，各站有30～32种元素。对其浓度组成作了由大于1 000毫克每升至小于0.01毫克每升的分级综合。有些元素含量超出所报道的世界淡水浓度范围，小于其最低值，甚或远大于其最高值。

顾慰祖感觉20年后给研究生做同位素水文学讲课时，虽然可以用电脑制作幻灯片，总算有点进步，但精力已不如前了。和阔别20多年的安徽水院老朋友王霞玉、潘天锡、应国定、余觉坤、吴善卿等聚会，异常高兴。50多年后，又忽然接到了江苏省常州中学老同学臧仲伦从北京大学打来的电话，两人相隔几十年没有交谈，如今有说不完的话，非常高兴。

继续做自己的年度小结：老骥伏枥　志在千里（2003）；回顾一年内的主要经历。

年内发表了4篇学术论文（含技术研究文件）（中/4，英/0，第一作者3篇）。

2004 年

是年 73 岁。

1 月，起草了地球观察组织 2004 年科学考察工作计划，下面摘录的是计划中的探险情况简介和每日考察行程安排（英文原文见附录四）：

内蒙古水损失项目探险情况简介

2004 年 1 月

亲爱的志愿者们：

欢迎来到内蒙古研究项目"内蒙古水损失"。我们很高兴您将成为我们中的一员。为了更多地了解荒漠化的历史和现代发展过程、荒漠化逆转的可能性以及重燃该地区牧民的希望，地球观察的志愿者们无疑将作出重要贡献。

额济纳盆地这一地区在地貌上是一个断陷盆地，目前有广阔的戈壁荒漠和退化的草原。美国宇航局将其描述为世界上断陷盆地最典型的代表之一。然而，这里曾有过繁华的历史，有许多城市、民居、寺庙、湖泊、草原和丝绸之路上的贸易骆驼队。在很长一段时间内，大约从公元前 200 年开始，这里就是许多少数民族建立王朝的地方。沙丘中出土的石器时代的薄片工具也证明了这里以前水土丰茂的景象。虽然我们无法避免这些高沙丘和废墟中的荒漠化，但我们希望未来的荒漠化程度能够最小化，以提高对该地区荒漠化的机制和历史的了解。

这个项目是一项令人兴奋的长期监测工作的开始，它是多学科交叉和国际合作的产物。然而，如果没有地球观察志愿者们充满善意的支持，这将仅仅是一个梦！

该项目涉及多个目标，需要采用多种方法来深入了解中国的荒漠化进程，监测草地退化情况，并评估这一巨大干旱区的水资源情况。方法包括：检验、测量、生态水文观测、水化学取样和同位素研究。除了在该领域的总体工作计划，也非常欢迎您利用您的技能设计自己在该领域的研究。您将有机会进行广泛的调查，并体验偏远的内蒙古荒野深处的沙漠（与外界的交流和接触是有限的）。

我们非常感谢自1997年以来加入我们探险队的来自15个国家的187名志愿者（19 400工时）。他们给予了我们莫大的帮助，将这个我们毕生梦寐以求的项目付诸实践。他们在古城遗址扎营，像游牧民族一样在沙山上行走，或是宿在蒙古族牧民的家中。有时我们仿佛置身于另一个星球，有时又仿佛时间凝固了，我们看着那些石器时代的遗址，像是回到了千年前的古村落。我们工作的结果是具有挑战性的。目前，我们就干旱水文和生态学的一些概念做出了许多解释。然而，我们对这片广袤的野生区域研究得越多，在探险过程中发现的神秘现象就会引发更多的问题，刺激和引诱我们更深入地了解它们汹涌的野性。

2004年，我们准备安排五个团队继续探索过去探险中令人费解的新发现。一、二、三队将从内蒙古最西边的边境城市额济纳旗出发，在废弃城市、河流和水渠、草原的古遗址区域，追随马可波罗的脚步。我们将参观许多古城遗址，并在此停留数日，然后前往戈壁沙漠内的拐子草原，寻找覆盖范围内不同的景点，以及石器时代巴丹吉林沙漠边缘的沙丘区。第四、五队将从内蒙古阿拉善旗西部的阿拉善右旗出发，前往作为大本营的一户人家，然后在石器时代遗址区域内，骆驼队将进入巴丹腹地拥有世界最高沙山的吉兰沙漠。我们将在沙山内由新鲜泉水补给的神秘湖边扎营，进行几天的考察。事实上，地球观察队一至三队在戈壁沙漠地区的探险队是除了自1927年至1935年在Sven Hedin博士领导下的探险队以外的第一个中外联合团队。迄今为止，四队和五队是唯一穿越巴丹吉林沙漠——这片44 300平方千米（17 110平方英里）的巨大沙漠的中外联合团队。

为了您的方便，我们会为您安排从陕西省省会西安市到额济纳旗的行程（一队、二队和三队），以及从宁夏回族自治区首府银川到阿拉善右旗的行程（四队和五队）。在往返我们研究区域的途中，您还有机会参观世界文化遗产和历史遗迹，例如公元前214年的三座长城。

在中国边疆额济纳盆地生活和工作并非所有人都能适应，那里的条件可能是一个挑战，需要做好身体和精神上的双重准备。我们欢迎您加入我们，在中国乃至世界最大的戈壁沙漠地区之一，体验野外大漠的生活方式！

您将受到研究团队人员的热烈欢迎，也将受到蒙古族牧民的热烈欢迎。您不仅能够在广阔沙漠的旅行途中与他们相遇，更可以在他们的家中交谈，同时享受蒙古风味的晚餐，他们将用哈达、羊肉和歌曲向您表示敬意。

在此次探险期间，您将有机会利用您的活力为这片荒野带来繁荣，为那里的蒙古族牧民带来希望。我真诚地期待与大家的见面和合作！

您最真挚的，

顾慰祖

探险日程安排

一队、二队和三队日常行程

在有古城遗址的戈壁沙漠

7：00　起床。

7：00—8：30　若我们彻夜待在营地则在餐厅吃早饭，在黑城过夜时则需野餐；查阅地图，做好各种准备。

8：30—11：30　在黑城附近进行实地工作；如果我们在那里过夜，我们将返回我们的营地吃午饭。

12：00—13：00　营地午餐。

13：30—15：00 / 16：00　在房间和 / 或蒙古包内休息或小睡以躲避高温。

16：30—19：00　在我们的基地村工作和 / 或去其他地点进行实地工作。

20：00—21：00　在营地吃晚饭；晚饭后去黑城并就地过夜，沙尘暴 / 暴雨期间除外，在这种情况下，我们必须在营地过夜。

22：00　晚饭后，或可在月光下于古城遗迹中散步；就寝。

四队日常行程

去沙漠的途中

6：00　起床。

6：30—7：30　收起帐篷，准备东西。

7：30—8：00　用早餐，品尝蒙古风味的热茶。

8：00—9：00　蒙古族人会将骆驼聚集过来；骆驼很早就出去觅食，有时在远离我们营地的草地上觅食。在给骆驼装载期间，我们能做的只有等待。早上起来地面温度比较低，这时带个小充气垫就显得很有用了。根据经验，最好在骑骆驼前散散步。

9：00—19：00　在沙漠中旅行（一般都是骑骆驼）；做好本职的研究工作；我们将在沙漠中就地野餐；当我们到达一个新的营地，就会搭起帐篷，用骆驼携带的非常有限的水洗漱。

20：00—21：00　用晚餐，然后就寝。

在目的地营地时

7：00—8：30　起床；吃工作人员准备的早餐，查阅地图，准备好一切。

8：30—11：30　实地工作。

12：00—14：30　吃工作人员准备的午餐。

15：00—18：00　实地工作。

19：00—21：00　晚餐。

22：00　休息，每两三个小时继续进行气象观测。

从每天的日程计划来看，科学考察队在野外的实际工作时间大多在五六个小时；如果是在沙漠中骑骆驼行进，则时间更长，有可能接近十个小时。这说明一般体力的参与者是很难长时间在沙漠中进行考察工作的，需要有毅力和勇气。

是年，顾慰祖继续被聘任为河海大学兼职教授和中国科学院地理科学和自然资源研究所专家。

3月，因SARS疫情，原定于2003年召开的纪念从安徽青沟开始的中国水文流域研究50年暨滁州水文实验20年的国际科学讨论会"International Conference on Research Basins and Hydrological Planning"（会议得到了联合国教科文组织等单位的支持）延期至2004年3月在合肥召开。顾慰祖在会上作了主题报告《水文实验系统和环境同位素示踪》。参与主编了会议论文集，由荷兰Balkema Publishers出版（见图3.20）。

图3.20　国际水文会议报告幻灯片共有50张，此为其首页论文集扉页

4月18日，第十八次去沙漠，做年内考察的前期准备工作。从南京出发，经由银川、阿拉善左旗、乌力吉、额济纳旗、古日乃、额济纳旗、阿拉善左旗、银川、南京，4月30日回到滁州。

5月3日，应邀去澳大利亚，这是顾慰祖第一次去南半球。从南京出发，经由香港抵达墨尔本，在昆士兰大学（The University of Queensland）做研究工作，作了内蒙古水损失"Inner Mongolia's Lost Water"的学术报告（见图3.21）。21日到悉尼、罗克汉普顿（Rockhampton）等地。26日经由香港回到滁州。

（1）顾慰祖（右）在昆士兰大学　　（2）顾慰祖在澳大利亚昆士兰大学作学术报告

（3）顾慰祖在澳大利亚昆士兰大学工作室内

图3.21　顾慰祖2004年在澳大利亚昆士兰大学

7月1日，经由西安、敦煌、嘉峪关、额济纳旗，7日到桃来乌苏、额济纳旗，14日到唐家井，20日经由银川、西安、敦煌、酒泉、额济纳旗，8月1日再到桃来乌苏、唐家井、阿拉善左旗，13日经由银川、西安、敦煌、黑城，

9月1日到唐家井、阿拉善左旗，14日经由银川、阿拉善左旗，24日到诺尔图，10月3日到阿拉善左旗、银川，10日返回阿拉善左旗后进入1号营地、2号营地、3号营地、4号营地考察，19日到诺尔图，27日到阿拉善左旗，这是顾慰祖组织进行的第六次大范围野外多点营地考察活动。11月2日经由银川返程，6日回到滁州。

这次是顾慰祖第十九次进入沙漠，第八年担任地球观察内蒙古水损失项目的首席研究员（Principal Investigator），带队前往巴丹吉林沙漠考察。

原计划4个组，后来增加到5个组。第一、二、三组在西安集中，到额济纳旗、黑城、温都高勒等戈壁、草原工作。第四、五组在银川集中，到阿拉善右旗后，骑骆驼共5天进入巴丹吉林沙漠，到达诺尔图宿营，此为世界最高沙山，在此工作6天后，经阿拉善左旗回银川，途中经曼德拉山看岩画。这一年先后有来自美国、英国、加拿大、澳大利亚、荷兰、德国、爱尔兰、奥地利、挪威、日本等10个国家的36名外国成员（女21人）参加考察工作，进沙漠最长者的年龄为80岁。图3.22至图3.25为此次考察过程中拍摄的照片。

（1）顾慰祖在额济纳旗乌力吉旅店 　　（2）骑在骆驼背上（Uli 摄） 　　（3）考察中间休息

(4) 考察队合影，第二排右一为顾慰祖

(5) 考察队合影，前排为 Jackie Foot，后排左二为 Jean Kowalczik，左三为顾慰祖，右一为 Lisa Potteiger

(6) 考察队在诺尔图合影，左一为顾慰祖

(7) 顾慰祖与 Peter 和 Renate 合影

图 3.22　第六次大范围野外多点营地考察活动

图 3.23　顾慰祖与德国水文研究所所长 Prof. Klaus P. Seiler 在沙漠中

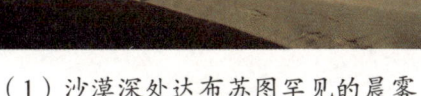

（1）沙漠深处达布苏图罕见的晨雾　　（2）呼仁陶勒盖月色（顾慰祖拍摄）

图 3.24　第十九次进入沙漠时拍摄景物

（1）2004年考察途中的一个宿营地　　（2）苏木吉林宿营地

图 3.25　部分营地景观

12月,在南京全国水文学术讨论会上,顾慰祖作了《同位素水文流域研究》报告（见图3.26）。

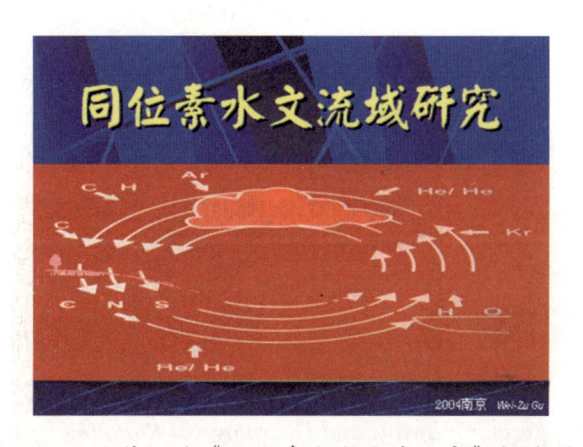

图 3.26　顾慰祖的《同位素水文流域研究》报告封面

对这些曾经参与过的水文实验科学讨论活动（包括给《欧洲代表流域和实验流域通讯》写的文章），顾慰祖认为自己已经为坎坷发展的中国水文实验50年画了一个句号。顾慰祖在这些发表的文章最后，都译引了宋代诗人陆游在《游山西村》的两句诗："山重水复疑无路，柳暗花明又一村。"

It seems no way can be followed
Where the mountains and the rivers end
It comes to a village of a sudden
With the willow dark and the flower brighten

这两句宋诗，既是顾慰祖对中国水文实验现状的描绘和惋惜，但更多的还是对将来的憧憬和希望，也许是一个委婉的总结吧。

12月，顾慰祖为了国际原子能机构的相关项目，并配合中国地质调查局进行淮河流域淮北地下水同位素研究，在那里做同位素采样工作。所到之处有河南周口、淮阳、柘城、睢县、杞县、兰考、开封、漯河、长葛、新郑、郑州、商丘，安徽亳州、界首、阜阳、蒙城以及近40年来顾慰祖梦中一直牵挂着的双浮试验站。

顾慰祖与Ru-Ze Xi，Klaus-Peter Seiler（作者排序为：Ru-Ze Xi，Wei-Zu Gu，Klaus-Peter Seiler）合作编写的 Research Basins and Hydrological Planning 一书（见图3.27）由伦敦 A.A. Balkema Publishers 出版。

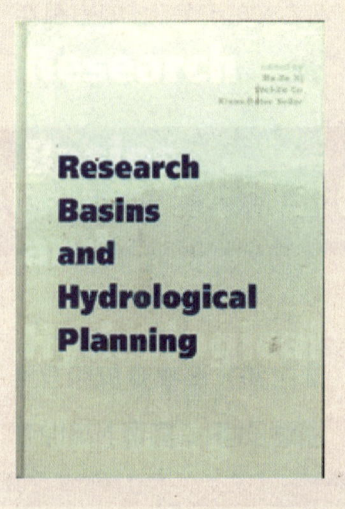

图3.27　Research Basins and Hydrological Planning 一书的封面

发表《巴丹吉林高大沙山表层孔隙水现象的疑义》一文，顾慰祖对 7 年考察研究做了一个小结，认为巴丹吉林沙漠另有与大尺度地下水系统相关的补给源存在。其摘要如下：

1997—2003 年对巴丹吉林沙漠中不同位置共 7 个高大沙山和 1 个流动沙丘表层 2 米内的孔隙水情况用常规方法作了观测，每年均在相近日期进行。孔隙水量随深度而增大，历年观测期间 2 米附近的体积含水量约 3%，达到相应实测最大持水量的约 65% 或更高，25 厘米至 1 米孔隙水 $\delta^{18}O$ 的正值表明它经过了反复补给 - 蒸发过程。观测了雨后入渗深度及其在沙丘 120 米坡面上的分布，另由历年短期能量平衡测验获得沙山陆面蒸发和凝结概念。认为当地年降水量和凝结量不足以对沙山 2 米表层内的孔隙水现象作出解释，疑另有与大尺度地下水系统相关的补给源。

继续做自己的年度小结：老骥伏枥 志在千里（2004）；回顾一年内的主要经历。

年内发表了 9 篇学术论文（含技术研究文件）（中 /4，英 /5，第一作者 3 篇）。

2005 年

是年 74 岁。

5 月 16 日，顾慰祖从上海出发抵达特拉维夫，访问以色列本·古里安大学、魏茨曼（Wetzmann）科学研究所，30 日访问德国伊斯马宁（Ismaning），6 月 20 日经由慕尼黑、上海于 6 月 22 日回到滁州。

使顾慰祖特别难忘的是，给过其巨大帮助的同位素水文学老前辈以色列魏茨曼科学研究所的 Joel Gat、德国联合地球科学研究所（Joint Geoscientific Research Institute）的 Mebus Geyh，还有美国地质调查局的一些朋友，他们曾给予顾慰祖好几次去他们那里研习的机会；顾慰祖在那里看了很多书，系统地学习了很多同位素水文学方面最新的知识（见图3.28）。

（1）在魏茨曼科学研究所 　　　　（2）顾慰祖和Gat商定《同位素水文学》书名和提纲

（3）顾慰祖在以色列本·古里安大学 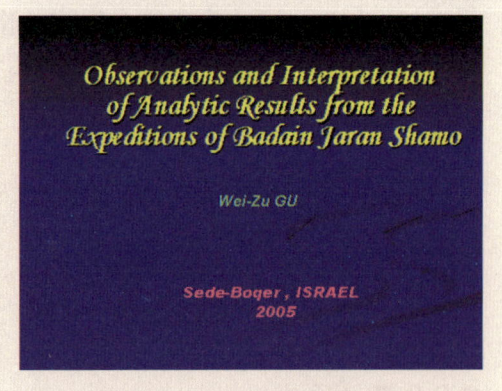　　（4）在以色列本·古里安大学的幻灯片

图3.28 顾慰祖在魏茨曼科学院及本·古里安大学

6月27日，顾慰祖第二十次进入沙漠，经由南京、西安、敦煌、酒泉，7月7日到黑城，12日到沙尔呼都格，21日到巴音，28日到额济纳旗，8月7日回到沙尔呼都格，12日巴彦浩特，21日到诺尔图，9月5日再回巴彦浩特，13日经由银川，18日经由曹呼尔诺尔公进入1号、2号、3号、4号营地考察，26日到诺尔图。这是顾慰祖组织进行的第七次大范围野外多点营地考察活动。

母亲钱卿云在长春病重，10月4日顾慰祖离开沙漠经由银川去长春探望，12日返回阿拉善左旗，13日前往曹呼尔诺尔公，继续在1号、2号、3号营地工作，18日到诺尔图，23日母亲病重再赶赴长春，10月27日，母亲钱卿云病逝，10月31日在长春安葬了母亲钱卿云孺人。

这次科学考察是顾慰祖牵头组织的一支由中国、美国、日本、加拿大、德国、瑞士等国的25名专家及志愿者组成的科学考察队，科考队由总部设在美国波士顿的国际科研机构"地球观察研究院"委派，成员中既有水文地理专家，也有环境专家，他们来自慕尼黑大学及德国国家研究中心，再次进到巴丹吉林沙漠深处，科学考察活动目的是对这里的水资源进行考察。巴丹吉林沙漠隶属于内蒙古自治区的阿拉善盟，境内还有腾格里、乌兰布和、亚玛雷克三大沙漠。但巴丹吉林沙漠以其沙山高大、湖泊众多而闻名于世，被美国宇航局称为"全球最奇特的地貌之一"，同时也被人们誉为中国最美的沙漠。

科研队共骑62峰骆驼，带12个向导，深入巴丹吉林沙漠腹地进行为期5天的考察。顾慰祖自从1994年第一次进入巴丹吉林沙漠后，便被这里的神秘所吸引。顾慰祖发现这个年蒸发量4 000毫米，降水量只有50毫米的巴丹吉林沙漠竟然存在着大大小小的湖泊，他认为：巴丹吉林沙漠地下蕴含着丰富水量，且有强大补给，含水层一般在两米左右，而且越往下越多，肯定存在一个大水源，而且是一条有源的"地下河"。根据这几年的考察结果来看，额济纳旗、古日乃苏木的水源也是由巴丹吉林沙漠的一个大水源供给。这次科学考察的目的就是寻找这条神秘的"地下河"。"巴丹吉林沙漠肯定有一个强大的外来补给水源。"这是顾慰祖始终坚持的观点。

顾慰祖在巴丹吉林沙漠腹地的诺尔图湖畔接受了《中国国家地理》签约摄影师杨孝的采访，告诉杨孝这次科学考察的主要任务是沙漠水采样、沙山定位，进一步揭开沙漠水之"谜"，而且从这次科考工作开始，科学考察队和当地政府将为阿拉善沙漠国家地质公园申请世界自然遗产作积极努力。阿拉善沙漠国家地质公园（总面积630.37平方千米，由巴丹吉林、腾格里和居延3个园区及其所属的10个景区组成，2009年被批准成立）是我国第一个沙漠国家地质公园。顾慰祖说："巴丹吉林盛吹东南风，所以这些沙山全部由东南向西北横向排列，垂直于风向，十分整齐。风使黄沙堆成山，地下水又稳固了沙山。透过沙山内原来的丘陵、岩石排列得如此整齐的大自然现象表面，进一步的探索研究一定会解开其中的奥秘。"科学考察队在巴丹吉林沙漠腹地找到144个湖泊，总面积超过23平方千米，其中72个湖泊常年有水，12个是水质很好的淡水湖泊；最大湖泊面积达 1.5 平方千米，最深达 16 米。此外，顾慰祖还在一些盐水湖的中央发现了不断涌出淡水的泉眼，泉眼周围则分布着由碳酸钙晶体沉积而成的钙华，钙华形成原理类似于钟乳石，说明这里的泉眼流水可能数千年未断。顾慰祖在考察研究中发现，巴丹吉林西北方向的古日乃草原有三个水源补给，除了当地降水和地下古水，第三个来源竟是巴丹吉林沙漠。古日乃草原和附近的拐子湖常可发现自流泉，考察队在途中随便问一个祖祖辈辈生活在当地的蒙古族牧民："泉水从哪里流出来？"对方都会手指东南方向告诉考察队员："沙漠里。"

见图 3.29 至图 3.38 为此次考察的照片。

（1）与考察队骆驼群合影　　　　（2）在额济纳旗宾馆中用餐，
　　　　　　　　　　　　　　　　　　后排左一为顾慰祖

图 3.29　顾慰祖 2005 年巴丹吉林沙漠考察留影

图 3.30　考察队分组合影

图 3.31　顾慰祖在沙山中　　图 3.32　古日乃荒漠，红点是历次穿越
　　　　　　　　　　　　　　　　　　　中的宿营地

　　图 3.32 显示了用铀放射系不平衡法研究地下水的采样点位置，大体上覆盖的全部考察范围。最北缘的两点在蒙古国内，对额济纳旗的地下水有补给关系，顾慰祖利用在蒙古国工作时的关系，联系获得了蒙古方面的同意后，带队去蒙古国采样。

图 3.33　巴丹吉林沙漠考察途中

图 3.34　露天宿营地　　　　　　　图 3.35　乌兰吉林地貌

（1）地下水惰性气体同位素采样

（2）沙漠地下水测年用的 ^{14}C 采样　　　　（3）采集的样品

图 3.36　沙漠地下水采样

图 3.37　巴丹吉林沙山中活跃的生命　　图 3.38　在巴丹吉林沙漠行进途中

年内发表了 1 篇学术论文（中/0，英/1，第一作者 1 篇）。

2006 年

是年 75 岁。

继续担任河海大学兼职教授。

3 月起，担任南京地质矿产研究所（中国地质调查局南京中心）兼职研究员。因为主要是做淮北地下水环境同位素研究，所以顾慰祖很乐意去那里，也是为了他自己 40 年来"剪不断，理还乱"的淮北情结。

顾慰祖曾经工作过的单位、地处蚌埠国富街的治淮委员会设计院水文组的同事，于 4 月 1 日至 2 日在合肥聚会，而欧洲地球科学联合会 4 月 2 日到 7 日在维也纳召开年会，正好与合肥同事聚会冲突，顾慰祖没有赴维也纳，而是请了一位奥地利的朋友在会上宣读论文。

5 月 4 日，顾慰祖从上海出发，6 日到维也纳参加国际原子能机构会议，在会上宣讲了淮河流域的水文工作和结果，并和同行进行了一些水文学方面学术问题的讨论。13 日转道慕尼黑，15 日抵达苏黎世，在苏黎世联邦理工学院做了演讲（见图 3.39）。

顾慰祖应瑞士联邦水质科学技术研究所（EAWAG）之邀，在水质科学技术研究所里介绍了巴丹吉林沙漠的科学考察工作。16日，水质科学技术研究所所长 Prof. Dr. Wolfgang Kinzelbach 举行家宴，招待顾慰祖吃烤肉。

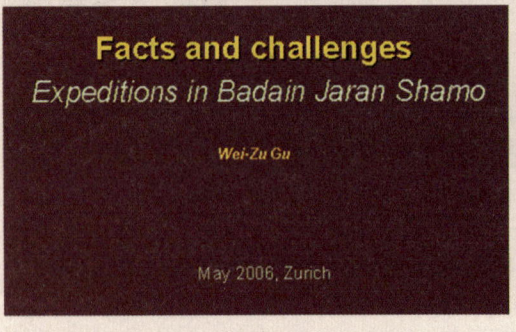

（1）在瑞士苏黎世联邦理工学院的讲稿　（2）EAWAG 所长 Wolfgang Kinzelbach 在举行烤肉家宴

图 3.39　顾慰祖在瑞士的部分活动

顾慰祖还去了瑞士苏黎世联邦理工学院的地球化学和岩石学研究所（the Institute of Geochemistry and Petrology at ETH Zurich，简称 IGP ETH）学习和研究稀有气体氦、氖、氩、氪、氙及其同位素在水研究中的应用，地球化学和岩石学研究所免费给顾慰祖分析了许多水样，颇有收获。

5月23日，回到上海，24日抵达滁州。

顾慰祖去北京参加第34次国际水文地质者协会会议，在会议上发表了文章《内蒙古巴丹吉林沙漠地下水补给》（Groundwater recharge in the Badain Jaran Shamo, Inner Mongolia）。

7月22日，从南京出发，经由西安、酒泉、黑城，8月6日到达沙尔呼都格，8月11日到达阿拉善左旗，8月21日在诺尔图考察，9月5日到阿拉善左旗、银川，9月18日再回诺尔图，10月26日从阿拉善左旗返程，29日经由银川于11月5日回到滁州。

在内蒙古阿拉善继续担任地球观察研究院内蒙古水损失项目的首席研究员。这年是顾慰祖参加考察的第十年了，也是顾慰祖第二十一次进入沙漠工作，这是顾慰祖组织进行的第八次大范围野外多点营地考察活动，也是最后一次大范围野外多点营地考察活动。当年考察分4个组。第一个组在西安集中，到额济纳旗、黑城、温都高勒等戈壁、草原工作。接下来三个组在银川集中，进入巴丹吉林沙漠，到达诺尔图宿营（此为世界最高沙山），在此骑骆驼工作6天后，经阿拉善左旗回银川，途中经曼德拉山看岩画。顾慰祖感到自己老矣，不再骑骆驼，只是坐在房间里做有关铀的文章和图片。2006年的考察组先后有来自美国、英国、加拿大、澳大利亚、德国等5国35名外国成员（女17人）参加，进沙漠年龄最长者78岁。图3.40至图3.45为此次沙漠考察留影。

图3.40 在宿营地准备出发，左一为顾慰祖

图3.41 在宿营地准备出发，右一为顾慰祖

图3.42 与Gary在内蒙古水损失项目现场

图3.43 与Carol合影

图3.44 内蒙古诺尔图宿营地，左一为顾慰祖（Carol摄）

图 3.45　2006 年在沙漠中的顾慰祖（Carol 摄）

年底，南京水文水资源研究所回聘到期，顾慰祖完成了最后一个项目《铀放射系不平衡在地下水资源研究中的应用》。

继续做自己的年度小结：老骥伏枥　志在千里（2006）；回顾一年内的主要经历。

年内发表了 3 篇学术论文（中/0，英/3，第一作者 3 篇）。

2007 年

是年 76 岁。

南京 2005 年国际原子能机构和粮农组织主办的以"水资源与可持续农业"为主题的亚太地区国际研讨会议上，中国地质科学院水文地质环境地质研究所张翠云作了专题学术报告，后经庞忠和介绍与顾慰祖联系相识，当时顾慰祖正组织国内外专家撰写同位素研究成果专著《同位素水文学》，准备让一些有作为的年轻人参与，就选定张翠云编写她所研究的内容（《同位素水文学》第十一章"地下水污染"）。

5 月 18 日，顾慰祖从南京出发前往维也纳参加国际原子能会议（见图 3.46），28 日回到滁州。

图 3.46　2007 年顾慰祖在国际原子能机构参加会议

6 月，参加河海大学研究生童海滨（《同位素水文学》第三章"稳定同位素分馏"、第七章"蒸发与凝结作用下常见水体氢、氧稳定同位素组成间的理论关系"作者之一）的毕业论文答辩会（前期曾指导河海大学研究生童海滨博士论文的实验部分），见图 3.47。

6 月，为滁州基地恢复建设初步设计提了一些书面建议（见图 3.48）。

图 3.47　参加童海滨的毕业论文答辩会（最右为顾慰祖） 　　图 3.48　2007 年 6 月做的滁州基地恢复建设初步设计建议

7 月 23 日，顾慰祖第二十二次进入沙漠考察，经由西安、嘉峪关，31 日抵达额济纳旗、黑城。2007 年在沙漠中还只能骑骆驼行进，每年有几个月的时间跟牧民在一起，大都在野外宿营，偶尔遇到居民点。这年夏天，顾慰祖

带孙女顾欣珺体验沙漠风情（见图3.49）。

图 3.49　2007年夏天，顾欣珺跟随爷爷在沙漠中

8月1日，在呼仑陶勒盖考察8天，10日到银川，18日到阿拉善左旗，19日继续在诺尔图考察一个多月。9月，在巴丹吉林沙漠科学考察期间，接受《人与生物圈》杂志记者沐朗采访，顾慰祖回答了记者关于巴丹吉林沙漠之水的疑问和困惑。9月27日到阿拉善左旗，10月10日再回诺尔图，23日到阿拉善左旗，10月31日回到银川（见图3.50）。

（1）沙漠中取样，中立者为顾慰祖 　　（2）向当地居民了解情况，左二为顾慰祖

图 3.50　顾慰祖2007年在巴丹吉林沙漠

在考察期间，顾慰祖还忙于写作，在休息的宾馆里整理书稿（见图3.51和图3.52）。

图 3.51　顾慰祖在诺尔图居住地　　图 3.52　顾慰祖在宾馆里写作
（Allen Wang 拍摄）

　　从 1997 年到 2007 年，顾慰祖在连续 11 年的 7 到 11 月去巴丹吉林沙漠做地下水采样等工作，这是他一生中的一个重要经历；他深深地被大自然所震撼，在大自然面前，人显得如此渺小，生物却无处不在，在相对高差可达约 500 米的高大沙山上，居然还有植被。因此就导致了一个"悖论"：因为没有水才形成沙漠，但却是有水才能形成沙山。他就这样在这个水源迷宫中探索，但是还没有得到可信的答案。另外，他也认识到了干旱地区特殊的水文问题，还感知到干旱、半干旱地区的治水策略可能存在问题。因此他后来用高大沙山的照片作了 2011 年出版的《同位素水文学》一书的封底。

　　是年，他发表《无机水化学离子在实验流域降雨径流过程中的响应及其示踪意义》一文，该文摘要如下："在实验流域实测降雨、地面径流、壤中流、地下水径流过程和流域内 17 个测孔的地下水过程中，施测了 Na^+、K^+、Ca^{2+}、Mg^{2+}、Cl^-、SO_4^{2-}、$HCO_3^-+CO_3^{2-}$、NO_3^-、F^-、NH_4^+、PO_4^{2-}、SiO_2 和 pH、EC、^{18}O 的同步过程，还施测了少数土壤水水样。结果是：①在 Ca^{2+} 与 Cl^-/SO_4^{2-} 和 EC 与 $Na^+/(Na^++Ca^{2+})$ 的关系中以及除 NO_3^-、NH_4^+、PO_4^{2-} 外的所有离子，都可识别出上述各种径流组分；②径流离子过程均与降雨离子过程相仿，随径流组分从地面到地下而渐趋坦化；③除个例外，离子浓度过程均以降雨为最小并从地面径流到地下水径流渐次增大；④降雨和地下水离子过程表现为径流离子过程的两端元；⑤在降雨和各径流组分中，^{18}O 过程与大部分离子过程有一定的同步性。从以上结果可知，降雨并不是流域径流离子输出的主要来源，却是形成它的主要控制因素。此外，有关试验结果还对应用 Cl⁻ 进行地下水补给的估算方法提出了挑战。"

年内发表了 6 篇学术论文（中 /1，英 /5，第一作者 4 篇）。

2008 年

是年 77 岁。

3 月，去美国驻上海领事馆申请赴美签证。在上海逗留期间，夫妻俩去南京路步行街逛了一圈（见图 3.53）。

4 月 16 日，顾慰祖夫妇去美国旧金山探望女儿一家。

6 月 12 日，在美国俄勒冈州立大学介绍和讨论滁州基地的水文实验（见图 3.54）。

图 3.53　顾慰祖夫妇在上海逛南京路步行街

图 3.54　在美国俄勒冈州立大学介绍滁州基地水文实验

10 月 6 日，返回滁州。

2009 年

是年 78 岁。

在中国地质调查局南京中心开展了关于"地下水降水补给的同位素研究"中的二个部分的讲座（见图 3.55）。

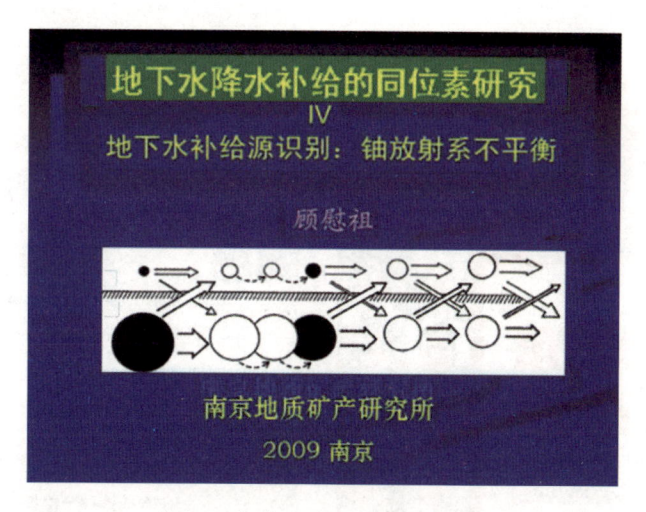

图 3.55 "地下水降水补给的同位素研究"讲座

6 月 1 日，顾慰祖第二十三次进入沙漠，经由北京、武威，4 日到板滩井，7 日到诺尔图，12 日经由阿拉善左旗返程，14 日回到滁州。

6 月 15 日，前往北京参加中华人民共和国科学技术部"野外科技工作突出贡献者"表彰会。

6 月 16 日，中华人民共和国科学技术部授予顾慰祖"野外科技工作突出贡献者"称号。（野外科技工作突出贡献者全国共 20 名，按姓氏笔画为序：丁国瑜、田大伦、石元春、刘更另、孙鸿烈、朱显谟、许志琴、吴征镒、李院生、李振声、陈毓川、施雅风、殷鸿福、秦大河、袁隆平、顾慰祖、傅廷栋、焦培南、程国栋、董玉琛）（见图 3.56）。

图 3.56　顾慰祖（前排右一）被授予"野外科技工作突出贡献者"称号

6月17日，科技日报以《顾慰祖：开创中国水文研究新时代》为标题，介绍野外科技工作突出贡献者顾慰祖的事迹（见图3.57）。

（1）　　　　　　　　　　　（2）

图 3.57　2009年6月17日的《科技日报》介绍了野外科技工作突出贡献者
[图（1）第二排左二人物为顾慰祖，图（2）左二人物为顾慰祖]

7月27—28日，任立良（时任河海大学水文水资源学院院长）邀请顾慰祖担任由教育部批准主办、国家自然科学基金委资助、河海大学承办的2009

年全国研究生暑期学校（主题为"环境变化与水文过程"）学术委员会委员，暑期学校包含海内外专家学者讲座26场，顾慰祖的两个讲座题目是"流域水文实验研究"和"水文过程的环境同位素示踪"（见图3.58），讲座后安排的实践环节里顾慰祖亲临滁州基地指导、接待了80余位学员的参访实习。

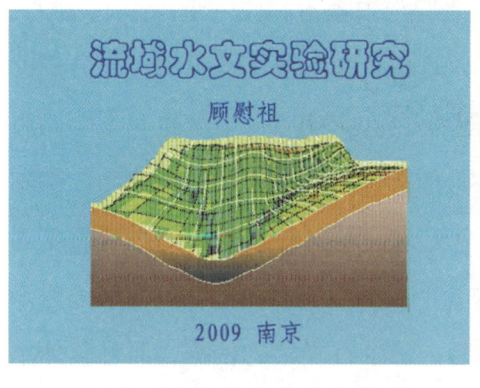

（1）"流域水文实验"讲座 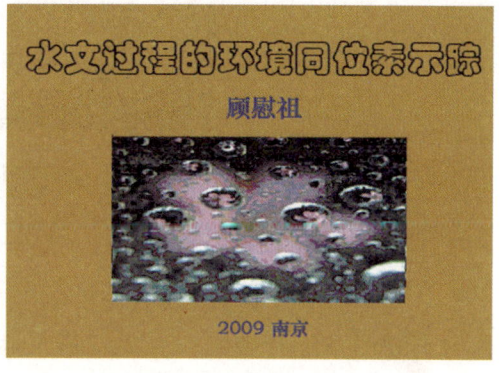　　（2）"水文过程的环境同位素示踪"讲座

图3.58　顾慰祖的两个讲座文件

7月，顾慰祖执行科技部"中美青年科技人员合作研究计划"，在滁州基地指导美国俄勒冈州立大学Jeffrey McDonnell教授的美国研究生Frentress Jason开展水文实验，和美国研究生讨论水文实验方案，和俄勒冈州立大学研究生一起在滁州水文实验基地住了一个月。

在此期间，和南京水科院水文水资源研究所陆海明交流，顾慰祖向陆海明介绍了滁州水文山和南大洼水文实验设施，俩人在南大洼分层径流观测房门前合影留念（见图3.59）。陆海明也参加了顾慰祖和美国研究生Frentress Jason讨论水文实验方案的交流会（见图3.60）。

图3.59　顾慰祖和陆海明在南大洼合影 　　图3.60　与美国研究生讨论实验方案，右图左一为顾慰祖

8月，顾慰祖作为三名领衔科学家之一，应邀担任中国科协第30期新观点新学说学术沙龙"青藏高原冰川融水深循环及其地质环境效应"的专题主持。

在学术沙龙上，河海大学科学研究院副院长陈建生提出青藏高原存在地下水深循环的假说。陈建生认为，西藏内流区每年有超过500亿立方米的冰雪融水渗漏到了中国北方鄂尔多斯、华北平原与内蒙古高原一带，渭河、泾河、洛河、汾河等几十条河流与湖泊都是由青藏高原的渗漏水补给的。与会专家围绕这一观点展开了热烈讨论。对于陈建生的这一观点，会上也有不同的声音。对于水究竟是从哪里来的，顾慰祖则有不同的看法。顾慰祖认为，鄂尔多斯地下水补给资源总量每年为105亿立方米，渭河补给黄河的水量每年为100亿立方米，问题是其补给源至今并未查明，并没有找到这200多亿立方米的水究竟是从哪儿来的，如果是降水补给，还没有确实的依据，而且整体水量并不平衡。该发言稿刊登在该学术沙龙论文集中（见图3.61）。

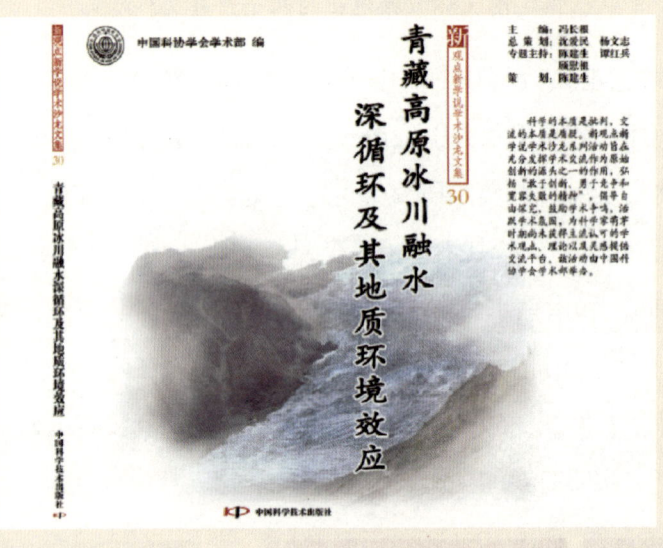

图3.61　顾慰祖主持会议的发言刊登在该学术沙龙论文集中

是年，顾慰祖获得资助，于9月底到10月初在维也纳参加了国际原子能机构活动，在会议上发表了有关淮北平原同位素研究的文章，这也是他最后一次参加该机构活动（见图3.62，图3.63）。会后德国人Klaus Froelich（上一届同位素水文分组Isotope Hydrology Section的分组主持人）盛情邀请顾慰祖吃晚饭。

图 3.62　最后一次去 IAEA 参加会议

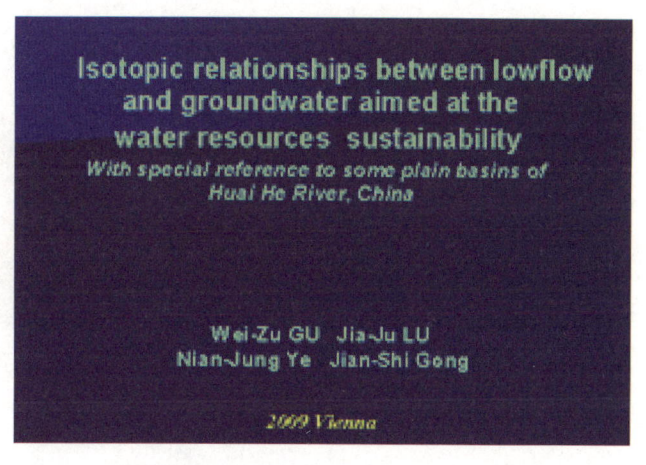

图 3.63　顾慰祖 2009 年在国际原子能机构会议上的发言

10 月初，顾慰祖访问德国汉诺威，与老朋友 Mebus Geyh 每天讨论过去收集的老资料到凌晨 1 时，顾慰祖当时准备写一篇关于阿拉善地下水年龄的文章；临别那天俩人讨论到凌晨两点才休息。

顾慰祖一共去过 12 个国家（土耳其、奥地利、美国、荷兰、德国、法国、俄罗斯、尼泊尔、蒙古国、以色列、瑞士、澳大利亚）参加国际学术交流、学术会议和访问研学，顾慰祖认为对他有重要帮助的是给他提供短期研习机会的大学和科研机构、实验室。他在这些研习的场所看到了大量资料和设备，学习了许多方法和经验，深刻领会到：若没有去现场采样，就不配做同位素研究。只有去现场采样，才能在同位素研究中有所作为。顾慰祖将此铭记在心并躬身力行，也教诲自己的学生要牢记这一点。

10 月 21 日，顾慰祖从滁州出发，第二十四次进入内蒙古沙漠，经由银川、阿拉善左旗，25 日抵达沙林呼都尔、诺尔图，29 日到阿拉善左旗，11 月 2 日经由银川于 4 日回到滁州。图 3.64 至图 3.66 为此次考察留影。

图 3.64　顾慰祖 2009 年在阿拉善左旗

图 3.65　内蒙古阿拉善左旗沙漠景观

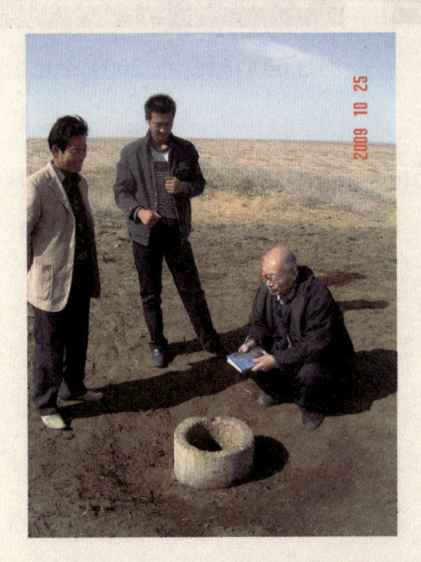

图 3.66　2009 年顾慰祖（右一）在沙漠现场考察

　　顾慰祖在内蒙古戈壁沙漠中进行的地球观察科学考察项目，前后历经 11 年，最后圆满地完成了项目所要求的考察研究任务。考察工作主要在阿拉善高原额济纳旗和阿拉善右旗的巴丹吉林沙漠约 5 万平方千米范围内进行，同时在沙漠中做水文实验和同位素水文学研究。每年在野外连续工作的时间一般从 7 月初至 11 月上旬。总计 20 多个国家（含中国）322 人次参加了野外工作，外国参与者中，年龄最大的 81 岁，参与次数最多的来过 3 次。从教授到学生都有人参加，其中职务最高的是剑桥大学副校长。

　　11 月 20 日，顾慰祖第二次去美国探望女儿。

　　年内为水文学领域历史最悠久、最有影响力的国际期刊《水文学杂志》（*Journal of Hydrology*）、《亚洲地球科学杂志》（*Journal of Asian Earth Sciences*）

和《水科学进展》审稿。

继续做自己的年度小结：老骥伏枥　志在千里（2009）；回顾一年内的主要经历。

2009年是顾慰祖从江苏省常州中学高中毕业，进入上海交通大学60周年；到安徽太和县双浮镇做河网化水文实验、深怀淮北情结50周年；开始到安徽定远县年家岗小崔生产队务农40周年；在安徽滁州花山始建新实验流域30周年；由USGS邀请率3人团第一次访问美国20周年；担任国际原子能机构赴蒙古国专家（1998—1999）10周年。这一年去美国是他唯一一次不是因公外访。

2010年

是年79岁。

1月，完成了《同位素水文学》的初稿编写工作。

3月18日，在美国俄勒冈州立大学讲课（见图3.67）。

图3.67　顾慰祖在美国俄勒冈州立大学讲课

顾慰祖在美国听闻滁州实验基地将重建后，当即决定从美国回国，继续为滁州基地的重建工作做好顾问和支持工作。

5月15日，离开旧金山回国。

5月27日，顾慰祖访问中科院地理科学与资源研究所（见图3.68）。

图 3.68　2010年访问中科院地理科学与资源研究所，左三为顾慰祖

6月1日，顾慰祖第二十五次进入沙漠活动，陪同以色列专家Ada教授去考察。从北京出发，经兰州、武威，4日到板滩井、阿拉善右旗、诺尔图，8日到达阿拉善左旗，6月14日回到滁州。图3.69和图3.70为此次活动留影。

图 3.69　陪同以色列专家Ada教授在现场考察，右图右一为顾慰祖

图 3.70　2010年沙漠考察现场

9月,《同位素水文学》定稿。

发表《天然实验流域降雨径流现象发生的悖论》一文,顾慰祖质疑了现行同位素流量过程线划分方法假定。该文摘要如下：

作为滁州水文实验系统一部分的1号天然实验流域,面积7 897平方米,以安山岩为基底,上覆平均厚度2.46米的第四系沉积物。实测了包括地面径流和地面下径流的各种降雨径流响应,后者包括来自非饱和带的壤中流和饱和带的地下水径流。表明这些径流成分有着复杂的组合类型,主要是以地面径流为主的SR型和以地面下径流为主的SSR型,以及中间的和演化的类型。SR型实例中的地面径流量可占总径流的65%,而SSR实例中的地面下径流量可占90%。全年降水集中的7月,地面下径流贡献占54.5%,其中地下水径流即占33%。大部分地面径流与降水的^{18}O组成有不小的差异,比较了同时进行测验的3个实验流域,在1 400分钟的降水径流过程中,降水的平均$\delta^{18}O$为-1.210%,而同期地面径流的平均$\delta^{18}O$,2号水文山流域（512平方米）为-1.132%,1号南大洼天然流域为-1.065%,3号只有薄层风化碎屑的牵牛花流域（4 573平方米）为-0.801%。这质疑了现行同位素流量过程线划分方法8个假定中的两个：地面径流的同位素组成不同于降水,天然流域尤其如此；各种水源在汇集过程中的同位素分馏影响并非都可忽略不计。实验流域因降水而产生径流,但所产生的径流却有着非本次降水的组分,这一降水径流悖论发生于各个实验流域。SR型和SSR型总的非本次降水的组分分别达16%和64%。

年内发表了1篇学术论文（中/1,英/0,第一作者1篇）。

2011 年

是年80岁。

3月1日,在江苏省肿瘤医院因胃癌入院治疗,做胃远端大部切除手术,

4月9日出院。

5月，顾慰祖应邀到山东济南参加济南大学王永森（《同位素水文学》第三章"稳定同位素分馏"，第七章"蒸发与凝结作用下常见水体氢、氧稳定同位素组成间的理论关系"作者之一）的婚礼并游览了当地名胜（见图3.71）。

图 3.71　顾慰祖 2011 年游济南趵突泉（王永森提供）

5月31日，因胃癌术后再度在江苏省肿瘤医院入院治疗，6月4日出院。出院后暑假期间，去北京科学出版社校对《同位素水文学》一书书稿（见图3.72）。

图 3.72　顾慰祖在北京校对书稿（谭忠成提供）　　图 3.73　《同位素水文学》封面

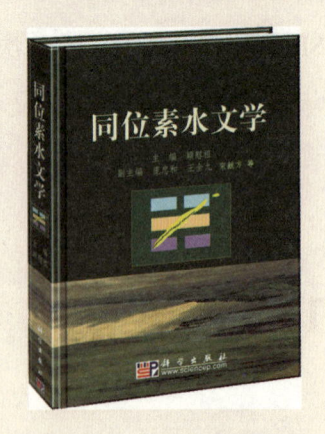

顾慰祖主编的《同位素水文学》在科学出版社出版（见图3.73）。

《同位素水文学》一书论述了同位素水文学的原理和应用，讨论了从降水到地面和地下各种水体的同位素特征，同位素和核方法在水资源、水环境、水文基础、土壤侵蚀及地震等领域的应用，以及水中同位素的测定方法和采样方法等。全书共 26 章，分为六大部分。

第一部分：第一章，水文学和同位素水文学；第二章，原子核衰变和原子核反应；第三章，稳定同位素分馏；第四章，陆地水的同位素地球化学流；第五章，水循环中氢、氧稳定同位素的基本关系与分异；第六章，降水中的氢、氧同位素特征。这一部分是全书的基本理论，讨论了同位素水文学的学科特点和研究方法，原子核衰变和原子核反应，稳定同位素质量相关分馏和质量不相关分馏，陆地水中核素的各种成因，从海水到降水的氢、氧稳定同位素基本关系、演化和分异。

第二部分：第七章，蒸发与凝结作用下常见水体氢、氧稳定同位素组成间的理论关系；第八章，江河水；第九章，湖泊与水库；第十章，地下水补给；第十一章，地下水污染；第十二章，地下水年龄测定；第十三章，矿区地下水；第十四章，地热水；第十五章，地下卤水；第十六章，盐湖水；第十七章，同位素水文学地质研究的方法论。这一部分讨论了水体中同位素特征和应用，降水同位素特征；河、湖中同位素分布和平衡；地下水补给、地下水污染、地下水测年的多种同位素研究方法及实例；矿区地下水特征和突水的同位素分析；卤水、盐湖水、地热水同位素特征和分馏及水同位素地温计；水文地质应用方法等。

第三部分：第十八章，淡水生态水文系统。这一部分讨论了生态同位素研究，淡水水文系统天然和人为有机物的稳定同位素示踪。

第四部分：第十九章，同位素土壤侵蚀研究；第二十章，同位素水文测验。这一部分介绍了同位素环境应用，土壤侵蚀同位素研究；地震前兆与地下水同位素异常。

第五部分：第二十一章，同位素水文实验；第二十二章，陆地水的元素组成；第二十三章，地下水中的同位素异常与地震前兆。这一部分讲述了同位素水文基础应用、水文测验核方法和同位素水文实验等。

第六部分：第二十四章，质谱系原理与同位素质谱分析方法；第二十五章，水中氚、碳同位素，惰性气体及其同位素和氯氟烃的测定方法；第二十六章，同位素水文研究采样方法。这一部分介绍了水中同位素分析和测定方法：质谱学原理和稳定同位素质谱分析方法；水中氚、碳、惰性气体同位素和氯氟烃测定方法；同位素水文研究野外采样方法。

顾慰祖本人编写了以下四章：第四章，陆地水的同位素地球化学流；第五章，水循环中氢、氧稳定同位素的基本关系与分异；第十章，地下水补给；第二十一章，同位素水文实验。篇幅占了全书的29%。

和他人合作编写了以下四章：第一章，水文学和同位素水文学（任立良、顾慰祖）；第二章，原子核衰变和原子核反应（陈廷扬、顾慰祖）；第二十章，同位素水文测验（顾慰祖、张钰、陆家驹）；第二十二章，陆地水的元素组成（顾慰祖、陆家驹）。

全书170万字，是国内第一部同位素水文学领域的专著；顾慰祖承担其中1/3的撰稿和全书统稿工作。黑龙江大学的季山教授曾打电话给顾慰祖表示祝贺，问他："编书一定很累吧？"顾慰祖回答："编这本书是社会需要，累是累点，但大家合作很愉快。"

在《同位素水文学》出版时，顾慰祖非常感谢赵珂经先生，并在书的前言中表示是赵珂经先生引领自己进入了同位素水文学之门。后来在2019年，与到滁州向其请教《中东水问题》写作学术问题的中国建设银行总行朱和海讨论朱的文稿时，特别委托朱和海回北京后去探望赵珂经先生（见图3.74）。

图3.74　赵珂经先生在家中（朱和海2020年1月20日摄）

2012 年

是年 81 岁。

5 月，顾慰祖指导滁州基地恢复工作，在现场把小流域查勘了一遍（见图 3.75），就修复工程分析了流域出口断面具体位置和恢复方案，为后续测流断面建设奠定了坚实基础。

图 3.75　顾慰祖在郑家边小流域思考，在竹园沟农业流域出口指导莆塘断面修建

12 月 10 日，在滁州基地恢复重建和国家防总抗洪抢险实验（滁州）基地正式运行之际，安徽滁州实验基地隆重举行南京水利科学研究院滁州实验基地、国家防汛抗旱总指挥部抗洪抢险实验（滁州）基地、国家重要水文实验站滁州综合水文实验基地、水文水资源与水利工程科学国家重点实验室滁州实验基地、水利部水科学与水工程重点实验室滁州基地、南京水利科学研究院-河海大学研究生联合培养基地的揭牌仪式。水利部刘宁副部长出席揭牌仪式并作重要讲话。顾慰祖应邀参加了揭牌仪式。

顾慰祖陪同参加揭牌仪式的中国科学院刘昌明院士（刘昌明在 2010 年特意为《同位素水文学》写了序言）和安徽省水文局胡余忠（时任安徽省水文局副局长，总工）视察滁州基地（见图 3.76）。

图 3.76　顾慰祖（左）陪同刘昌明（中）、胡余忠（右）视察滁州基地

2013 年

是年 82 岁。

4 月，顾慰祖准备编写实验水文学一书，到上海图书馆借英文原著 Encyclopedia of Hydrological Sciences（《水文学百科全书》）参考。

顾慰祖在写作《实验流域水文学的当前挑战》（Current Challenges in Experimental Watershed Hydrology）一文时，认为现在的水文实验流域已经无法应对环境变化的挑战，必须在以往经验的基础上有所改革。他在文中创造性地提出了"关键带水文实验地块（Critical Zone Experimental Block，CZEB）"的概念，并就地表关键带的上下边界、关键带水文实验地块（CZEB）的内涵等问题提出了自己的独特看法，指导了水文实验的发展方向。

6 月 26 日至 28 日，国际知名水文专家加拿大萨斯喀彻温大学 Jeffrey McDonnell[1] 教授、英国兰卡斯特大学 Keith Beven[2] 教授、美国宾夕法尼亚州立大学林杭生（Henry Lin）[3] 教授一行三人访问南京水利科学研究院。27 日，McDonnell 教授等三人访问滁州水文实验基地。顾慰祖教授向来宾介绍了该基地自 20 世纪 60 年代以来的建设和科研工作、取得的成果以及今后的发展方向，三位专家对基地前期工作表达了赞赏，表达了今后开展合作研究的意向。三位专家冒着酷暑参观了水文山和南大洼实验场，观看了野外人工降雨实验过程。其间三位专家仔细了解了实验设备、操作过程，现场讨论、分析实验结果数据。Henry Lin 教授还到水文山取土壤剖面处现场动手分析土壤性质及分层情况。图 3.77 至图 3.81 为顾慰祖陪同来宾参观访问留影。

图 3.77　顾慰祖向来宾介绍滁州基地情况

图 3.78　顾慰祖与来宾合影，
左起：Jeffrey McDonell、Keith Beven、Henry Lin、顾慰祖

图 3.79　顾慰祖在作学术报告

图 3.80　顾慰祖（右一）陪同来宾参观

图 3.81 顾慰祖在滁州琅琊山风景区和基地接待水文学专家参观考察
（左图在琅琊山风景区，从左向右分别为 Keith Beven、Jeffrey McDonnell、Henry Lin 和顾慰祖）（右图中右一为顾慰祖）

8月30日至9月1日，南京水利科学研究院水文资源所顾慰祖教授、陆家驹主任和马涛博士一行三人访问贵阳中国科学院地球化学研究所。8月30日上午9：00，顾慰祖在地球化学研究所环境室报告厅作了题为"水文实验流域研究方法发展及展望"的学术报告。

顾慰祖首先从国际水文实验和流域研究的概念讲起，指出水文实验是水文学的一个重要分支学科，是考察自然界规律的必要途径。顾慰祖介绍了目前水文实验面临的三个挑战，指出现在的水文实验流域已经无法应对环境变化的挑战，必须在以往经验的基础上有所改革。顾慰祖详细介绍了基于关键带（Critical Zone）框架的水文实验研究地块（Experimental Block）概念，并对地表关键带的上下边界、关键带水文实验研究地块（CZEB）的内涵等问题提出了自己的独特看法。他形象地将CZEB的要素以及之间的相互依赖、相互作用的循环过程与我国古代哲学中的"阴阳八卦"理论和我国中医的"人体经络结构"作类比，指出CZEB不单纯是一个水文系统，而是一个动态的生态系统，要理解这个系统，就必须在人工试验系统开展大量工作，其中很重要的一个方面就是应用地球化学示踪手段开展研究。他认为，只有水文学家和地球化学家联合起来，水文实验的过程才能得到更深入的认识，否则水文实验学只能停留在经验总结上。最后，顾慰祖呼吁："水文模型是必要的，但是需要通过实验来改进。希望大家能坚定地去做实验研究，特别是关键带流域的实验研究！"顾慰祖的精彩报告得到了在场人员的热烈掌声，报告结束后他与地球化学研究所的科研人员进行了交流和探讨，并耐心回答了大家提出的问题（见图 3.82）。

图 3.82　顾慰祖教授作学术报告

8月30日下午，顾慰祖一行参观了环境地球化学国家重点实验室，并就稳定同位素仪、离子色谱仪和等离子体发射光谱仪等仪器的运行等方面的问题和技术人员进行了深入交流。

9月1日，顾慰祖一行到中国科学院普定喀斯特生态系统观测研究站（以下简称普定站）考察。在考察结束后，顾慰祖高度评价了普定站在喀斯特生态系统研究方面已取得的成绩。他表示，喀斯特地区地质条件复杂，异质性强，与非喀斯特地区水文过程有很大差异，在喀斯特地区开展长期野外观测研究十分重要，普定站水文和水化学研究工作具有重要的科学意义。

10月11日，山东省水利厅刘建良副厅长等山东省水利行业领导一行6人来滁州基地考察。顾慰祖陪同视察并介绍滁州基地的水文实验情况（见图 3.83）。

图 3.83　顾慰祖（右五）陪同视察

年内发表了 2 篇学术论文（中 /0，英 /2，第一作者 1 篇）。

---

① Jeffrey McDonnell 教授，南京水利科学研究院客座教授，现任加拿大国家水文学研究中心副主任，其研究方向：流域水文学、径流过程、同位素水文学、水文学理论等。

② Keith Beven 教授，TOPMODEL 模型的主要创建者、水文实验优先流研究的奠基者，创立了模型不确定性评估方法（GLUE），其研究方向：水文过程野外研究和模拟、降雨径流模型、地下水补给模型等。

③ Henry Lin 教授，创建了水文土壤学学科，时任国际土壤学会水文土壤专业委员会主席，其研究方向：水文土壤学、水文学、地球关键带土壤过程和水文过程交互作用以及各自特性的基础研究，水文土壤过程和生物地质化学过程的耦合，溶质运移路径和方式研究等。

2014 年

是年 83 岁。

被聘任为河海大学科学研究院同位素水文学研究所兼职教授。

经顾慰祖多次的热心邀约，南京信息工程大学陈昌春利用寒假与妻子去南京水科院滁州实验基地参访。在滁州水文实验基地时，顾慰祖带陈昌春参观了他生活与工作的地方，并指着门后的对联，对陈昌春讲，"澹泊明志宁静致远，知足常乐能忍自安"是他自题的励句（见图 3.84，图 3.85）。

8 月，顾慰祖带河海大学师生参观滁州基地水文山实验现场（见图 3.86）。

10 月 8 日，顾慰祖不顾自己病魔缠身，第二十六次进入内蒙古沙漠考察。这次是带领美国地质调查局专家进沙漠去阿拉善右旗考察水源地，采集水样。从滁州启程，经由银川到达阿拉善左旗考察。顾慰祖在阿拉善左旗遇到了河海大学陈建生一行，当时陈教授陪同二连浩特郭副市长、水务局刘局长前往

图 3.84　顾慰祖在自题励向前留影

图 3.85　顾慰祖（左一）陪陈昌春夫妇参观滁州基地

图 3.86　顾慰祖（左一）与河海大学师生合影

阿拉善右旗考察水源地。顾慰祖与南科院课题组成员也加入了考察行列。14日在阿拉善右旗水务局梁局长和范副局长的带领下，考察了水源地打井现场。（水源地于 2016 年 7 月 15 日正式供水，供水地包括阿拉善右旗镇、巴丹吉林沙漠旅游区、雅布赖镇等。供水 7 年以来，水质始终保持优，属于富锶型天然矿泉水，供水井水位稳定，水位略有回升。）

10月15日到伊和吉格德，16日在诺尔图、板滩井、阿拉善左旗，30日抵达银川。

2014年内蒙古交通道路设施快速发展，顾慰祖这次进出沙漠时，已经可以乘坐吉普车翻越沙山了。图3.87至图3.89为此次考察留影。

图3.87　顾慰祖和美国专家及当地政府领导视察水源地现场（照片由陈建生提供）

图3.88　和美国专家Kip（左图右一）在内蒙古沙漠采样

图3.89　顾慰祖在考察现场

2015 年

是年 84 岁。

自 2015 年起，顾慰祖想进一步使用水示踪方法对淮北有争议的深层地下水做一些探讨工作，这个"深层地下水更新能力调查及分析评价"研究计划得到了淮委立项批准。

5 月，访问广西桂林。

7 月 24 日，陪同 Henry Lin 参观滁州基地（见图 3.90）。

图 3.90　顾慰祖陪同 Henry Lin 参观滁州基地

7 月 26 日至 29 日，在清华大学水利水电工程系暑期课程上做水文实验和地球关键带讲学（见图 3.91）。

图 3.91　在清华大学水利水电工程系暑期课程上讲学，并和师生合影

2015年8月，在第22届北京国际图书博览会上，顾慰祖在哈佛大学出版社展台前认真翻看图书目录；他对在现场采访的记者尹琨说："我第一次来图博会，第一个看的就是海外馆，我觉得展会为我们这样的研究人员提供了近距离接触国外文献、专著的机会。"（《中国新闻出版广电报》2015-08-31）

9月29日，顾慰祖参加中国科学院学部、中国科学院地理科学与资源研究所共同主办，中国地理学会、国际地理联合会（IGU）国家委员会协办的纪念中国科学院学部成立60周年暨刘昌明院士学术思想研讨会，并在会上发言，阐述了刘昌明院士的学术思想和学术贡献。

11月29日，访问云南昆明、丽江，进行丽江"地下水实验站项目"调研（见图3.92，图3.93，图3.94）。

图3.92　考察云南丽江（一）

图3.93　考察云南丽江（二）

图 3.94　游览丽江大石桥

2015 年以"水文模型 TOPMODEL 之父"著称的英国人 Keith Beven，在他英国的项目申请书中，特别提到要使用水文山（Hydrohill）实验模型，认为这是"世界上首个受控的关键带水文实验"，"将用以推进关键带科学的发展"。

2016 年

是年 85 岁。

1 月，带南京水利科学院水文资源研究所刘宏伟和廖爱民博士访问贵阳中国科学院地球化学研究所，学习该所在同位素和水化学测试方面的先进经验。

年内，顾慰祖首先完成了淮河流域安徽省典型地区水样的采集测试工作，在三个总长度 686 千米的剖面上，在现场采集了 223 个井的地下水水样（深层地下水井 101 个，平均约每 6 千米一个深井），访问了 61 个使用深层地下水的水厂并采集水样，准备了一个采样用车，带了需要现场测定项目的设备

（如 CO_3^{2-} 和 HCO_3^- 的现场滴定）、冷藏设备等，所有水样在一周内送到滁州基地做同位素测定，送到南京做水化学项目测试，获得了其 ^{18}O、Cl^-、SO_4^{2-}、PO_4^{3-}、NH_4^+-N、DOC-C、NO_3^--N、F^- 等水化学剖面，通过这些数据的深入分析得到了各剖面深层地下水的可更新能力（见图3.95）。

图 3.95　2016年顾慰祖亲自带队到淮北平原进行野外现场采样

皖北平原现场采样测试所得到的主要结论是：所有深层地下水数据分析结果显示，利用本含水层组的部分都不超过50%，平均只有38.4%；淮北深层地下水的"严重超采"问题，似需重新考量；深层地下水的无序开发和禁止开采都可能是需要避免的误区，关键在于科学管理；另外深层地下水不一定必然是优质水。

接着，顾慰祖于同年开始做全淮北平原水样采集测试工作的计划，准备就从豫西山区到海边，以及沿涡河断裂及废黄河等剖面做更多的工作。

3月，顾慰祖在做淮北的野外采样工作时，再一次回到了以前工作过的小孙家村，看到老的村边沟还有点痕迹，村东的那个河间试验地块也还完整，只是地块周围的河都淤得很浅了。许多过去曾去过的地方，已旧貌变新颜，无法再寻找到从前的痕迹了（见图3.96）。

图 3.96　3月顾慰祖来到小孙家，如在梦中。这是顾慰祖最后一次来这里了

4月，访问昆明（见图3.97）。

图 3.97　2016年访问云南省水文水资源局

在滁州基地接待南京思摩特农业科技有限公司王亮亮等一行参观（见图 3.98）。滁州基地顾慰祖的工作室随后进行改造装修（见图 3.99）。

图 3.98　顾慰祖在滁州基地工作生活室前（王亮亮摄）

图 3.99　改造装修后的工作生活室

年内，顾慰祖带廖爱民博士赴贵阳、蚌埠、开封、北京等地考察访问（见图 3.100），廖爱民途中有感而赋诗一首（作于 2016 年 1 月 30 日）：

黔贵连阴蚌埠雪，飘飞起舞满京城。冰封难掩老翁路，独钓寒江有歌声。

顾慰祖回诗一首：

黔贵连阴淮河雪，飘飞起舞雨后晴。冰封难掩寻觅路，踏破寒江有知音。

图 3.100　顾慰祖带领廖爱民到河南大学访学时在河南大学环规院留影（中为顾慰祖，左为廖爱民，右为童海滨）

7 月 8 日，顾慰祖为了陪同以色列地质调查局的 Yechieli Yoseph 教授进行内蒙古地下泉水采样，临时紧急经由上海、兰州、张掖，到巴丹吉林沙漠里进行泉水采样工作。10日在伊和吉格德采样，11日在西诺尔图、音德尔图采样，12日在庙海子采样；最后经由阿拉善右旗，13日从张掖返程，14日回到滁州（见图3.101）。

图 3.101　顾慰祖在巴丹吉林沙漠里进行泉水采样

这是顾慰祖最后一次进入沙漠的考察活动，也是顾慰祖第二十七次在大漠戈壁的科学考察，30年的沙漠之旅最后画上了一个圆满的句号。从1987年开始至2016年，包括为考察做的前期准备工作，顾慰祖共进入沙漠活动21年（其中，1993年至2007年连续15年，年年进入沙漠，没有空缺过一年），全部沙漠活动累计27次近69个月；也就是说，这30年间，顾慰祖有接近20%的时间是在内蒙古大漠的考察中度过的。

8月，先后访问海拉尔、北京。

8月16—18日，带领廖爱民、王越、李薛刚、杨娜等学生参加第三届国际水文土壤学会议，作题为"Why hydrological maze: the hydropedological trigger?"（"为什么会出现水文之迷：是水文土壤因素触发的吗？"）的报告。

8月20日，在豫东几个县开始淮北平原二期项目野外作业，继续带队采集深层地下水样品。

9月，到内蒙古鄂尔多斯乌审召进行鄂尔多斯地下水惰性气体测年工作（见图3.102和图3.103）。

图 3.102　顾慰祖在鄂尔多斯乌审召进行鄂尔多斯地下水惰性气体测年

图 3.103　顾慰祖（后排右二）与地下水惰性气体测年工作团队合影

从内蒙古回来继续淮河流域的采样工作（见图 3.104）。

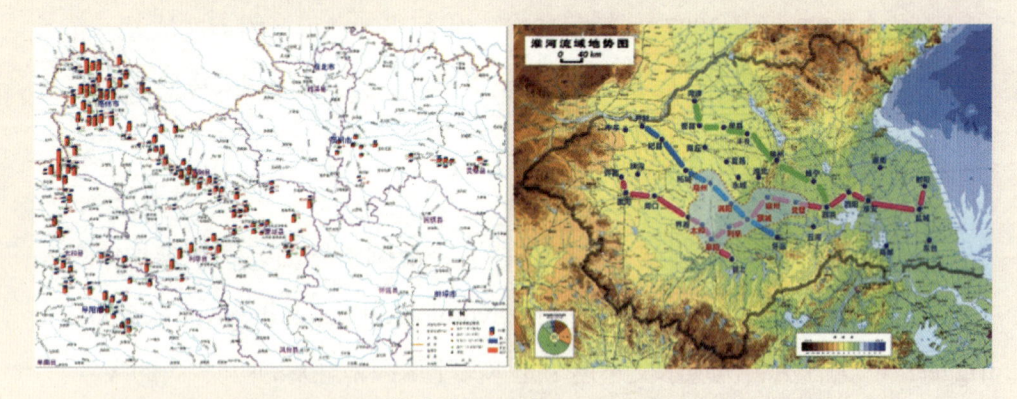

图 3.104　2015—2016 年淮委项目在皖北平原的采样井位置及井深

10 月 10 日，在河南许昌采样期间，出现严重的尿出血，查出膀胱癌（这是第二次患癌，第一次是 2011 年 3 月的胃癌）；后经许昌、南京、滁州医院的抢救治疗，第二次战胜癌症。在江苏省人民医院住院期间，完成题目为"Why hydrological maze: the hydropedological trigger?"的展板（见图 3.105），

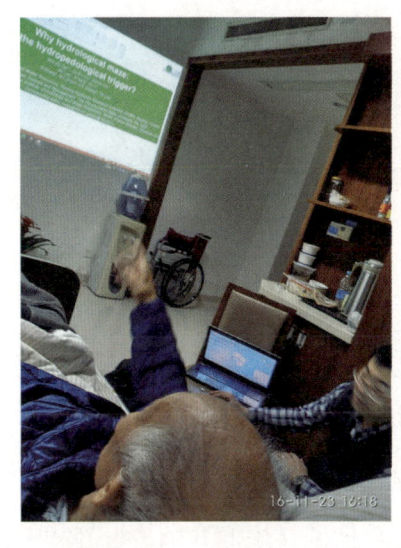

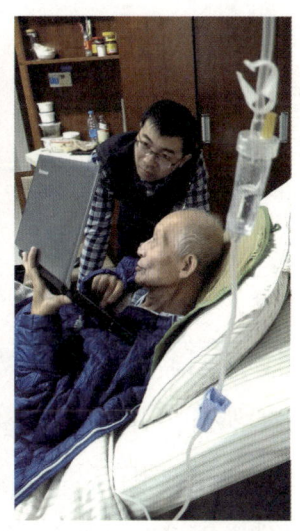

后期挂于滁州基地综合服务楼走廊墙上。

图 3.105　在南京病房里和廖爱民讨论展板事宜

11 月，因膀胱恶性肿瘤在江苏省人民医院做膀胱根治性切除术，在肾下面输尿管放了支架导管引到体外，然后导管处装造口袋，这样尿液就能排出体外。在南京出院回滁州仅仅三天，刀口就裂开并化脓。接着又住进了滁州市第一人民医院继续治疗。

从此，顾慰祖就再也未能踏入淮北采样之路。顾慰祖感叹"这真是所谓人算不如天算"，很伤心没有能够做完这件事情。

在他住院期间，仍为学生修改论文初稿，而后面论文发表时，顾慰祖坚持将自己的名字放在最后且非通讯作者，他这样做是想帮助年轻人成才。

2016 年第二次癌症治疗后，顾慰祖还亲自到现场或在线为滁州基地的发展和建设提出顾问支持，并指导研究生、博士后开展实验。

年内发表了 1 篇学术论文（中 /1，英 /0，第一作者 0 篇）。

2017 年

是年 86 岁。

1 月 6 日，滁州第一人民医院为顾慰祖再次手术，设法把脓液毒素排出体外，顾慰祖在医院里又住了 70 天才痊愈出院。

10 月 18 日，顾慰祖在滁州水文试验基地给山东农业大学实习学生作水文学学术报告（见图 3.106 至图 3.108）。他向学生们介绍了世界和中国水文实验的发展和存在的问题，并借用著名核物理学家杨福家的话："愿更多青年人重视实验工作，去从事哥伦布发现新大陆的工作！"

在报告最后，顾慰祖呼吁："德国诗人席勒说，'只有完整性才能走向明了，而真理总是居于深渊之中。'而不入深渊，焉得真理？中国未来的主人们，为了科学，我不入深渊，谁入深渊？"

10 月 18 日至 20 日，顾慰祖应邀在南京召开的"变化环境下的水安全与可持续发展：第二届国际工程科技发展战略高端论坛"上作特邀报告（见图 3.109）。

顾慰祖对目前一些高校老师招收了多个研究生却采取放羊式的方式进行指导的怪象深恶痛绝，这些高校导师不怎么指导的学生找上门求教解惑的事情经常发生；顾慰祖凭借其在国内外的影响力，推荐多位学生到多所高校读博、求学、交流。这充分体现了顾慰祖"甘为人梯、奖掖后学"的育人精神。

年内发表了 1 篇学术论文（中/1，英/0，第一作者 0 篇）。

图 3.106　顾慰祖给山东农业大学实习学生讲课（一）

图 3.107　顾慰祖给山东农业大学实习学生讲课（二）

图 3.108　与山东农业大学实习师生合影（以上照片由王刚提供）

图 3.109　第二届国际工程技术科技发展高端论坛特邀报告人证书

2018 年

是年 87 岁。

3 月 24 日，顾慰祖和从北京赴安徽滁州的《中东，为水而战》（插图本）（下文简称《中东水问题》）一书的作者朱和海（中国建设银行总行高级经济师）见面时，顾慰祖不顾年迈多病，亲自下楼，到院子外接朱和海，还跟朱和海紧紧地拥抱在一起。当时，朱和海完全没有想到，学术声望这么高的顾慰祖居然如此平易近人、和蔼可亲。从此，顾慰祖便经常不厌其烦地指导朱和海写作《中东水问题》一书（见图 3.110）。

3 月，顾慰祖撰写《中国大百科全书（第三版）》"同位素水文学"词条。

图 3.110　顾慰祖和《中东水问题》作者朱和海在书房里合影

6月26日，顾慰祖入住滁州市第一人民医院，7月27日出院。

10月，因泌尿道感染再度入住滁州市第一人民医院，11月14日出院。

12月27日，泌尿道感染再次发生，又入住滁州市第一人民医院。

2018年，加拿大萨斯喀彻温大学 Jeffrey McDonnell 教授发表了一篇文章，说他参与了美国"生物圈-2"的规划，在规划中曾参照了几十年前中国滁州水文山的一些经验。

2018年，顾慰祖合作编著的英文书 Hydrology of Artificial and Controlled Experiments（《人工和控制条件下的实验水文学》）在伦敦出版（见图3.111），该书介绍了国内外多种人工控制实验下的水文研究，并重点介绍了滁州基地的"水文实验系统"构想和实践。

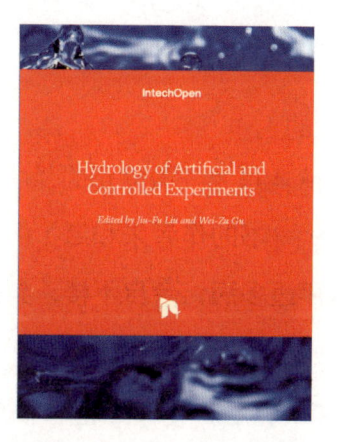

图 3.111　《人工和控制条件下的实验水文学》一书封面

年内发表了3篇学术论文（中/0，英/3，第一作者2篇）。

2019 年

是年 88 岁。

1 月 12 日，顾慰祖从滁州市第一人民医院出院回家疗养。

顾慰祖拿到朱和海的《中东水问题》一书校对稿后，不顾年老多病，认真阅读，就目录和正文等提出了近 4 000 字的修改意见。顾慰祖自掏腰包，在网上买了《流动的权力：水如何塑造文明》一书并赠送给朱和海。为了使该著符合学术著作写作规范，顾慰祖还将科学出版社资深编辑吴三保先生专门赠送给他的《作者编辑手册》一书慷慨地转赠给了朱和海。

7 月 1 日，顾慰祖给赖佩英写信汇报自己加入中国共产党四十年时的工作情况（见图 3.112），汇报信内容实际上是顾慰祖一生的工作总结。从 1952 年参加工作开始写起，一直写到 2019 年。汇报信标题如下：

一、永远感恩

二、您指引了我一生的业务专业方向

三、报告工作情况，给恩师交"答卷"

  1 著作

  2 实验水文学方面的工作

  3 同位素水文学方面的工作

  4 戈壁沙漠方面的工作

  5 国外的学术活动

  6 科技部的奖

四、我参加工作是从淮河开始，也在淮北结束了：无尽的淮北情怀。

（1）顾慰祖给赖佩英的报告信　　（2）2015年的赖佩英先生

图 3.112　顾慰祖与赖佩英先生的交往

9月10日，顾慰祖发微信和陈昌春教授讨论黄万里先生的学术见解：

"陈老师您好！关于黄万里先生 A Study on Excessive Precipitation 一书中，'excessive precipitation'一词，从黄先生所著《洪流估算》（1957年3月，电力工业出版社版第49页倒数第11行）中的解释是：'雨率扣除了同时同地入渗及蒸发率称为余水率$\frac{\partial P}{\partial t}-\frac{\partial L}{\partial t}$，接下来第三节的题目就是'论地面点上降雨产生余水的过程'。黄先生非常严谨，特别加了限制，是点上的。许多国内文献不大注意这个，就是产流机制。只有张济世老师在《物理水文学》中也说'首先分析单点的产流机制'（442页）。黄先生在《地球物理学报》上还有《论地面点上降雨产生径流的过程》一文，此外还有一个姐妹篇。可惜他的一些见解没有得到进一步的研究。"

2020 年

是年89岁。

1月24日，朱和海从北京赴安徽滁州，第二次看望顾慰祖。

顾慰祖心地善良，幽默风趣。朱和海拜访他时坐在顾的身边。当时，朱和海问他老人家为啥不吃羊肉。顾慰祖一边学着羊的样子，往朱和海身上蹭，一边说:"这么可爱的动物,你还忍心吃它们的肉吗?"

顾慰祖和朱和海交谈时经常回忆起过去,尤其怀念他当年在内蒙古考察过的巴丹吉林沙漠、阿拉善左旗和阿拉善右旗。

五道沟的老同事梅连银从蚌埠到滁州看望顾慰祖,几十年的老友重逢,相见甚欢。

3月27日,以顾慰祖为第一发明人申请的"一种适合研究降雨-分层径流关系的人工流域"实用新型专利(专利号ZL 2019 20730713.1)被中国国家知识产权局授权(见图3.113),授权公告号CN 210198672 U。(发明人排序为:顾慰祖、刘九夫、廖爱民、张建云、王妞、陆家驹、马涛、刘宏伟、郑皓)

专利保护范围涉及一种人工流域,尤其是适合研究降雨-分层径流关系的人工流域,包括三部分:人工流域的主体部分、输入部分和输出部分。主体部分包括流域边界、实验土体、纵向集流沟和横向集流沟;输入部分包括人工降雨系统和测量站网。输出部分指人工流域的观测室,根据集流槽的数目设置分层测流堰,并配设系统的水样采集点。相对于传统意义上的利用自然实验流域降雨-分层径流关系研究,这个专利可在输入、输出和内部变量等三方面精确测量水文要素,并分析水样的同位素组成及水化学指标,利用这些指标的示踪作用探究流域水文过程、机制。

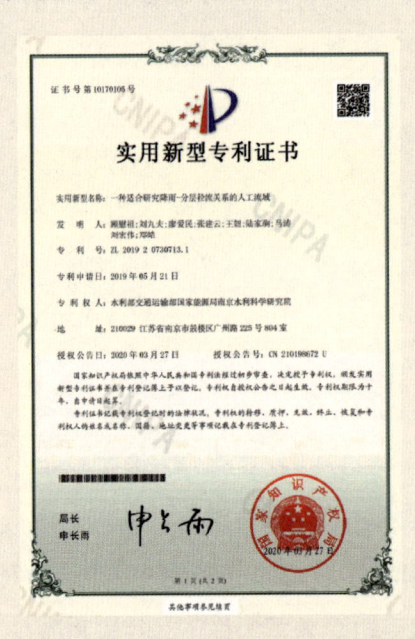

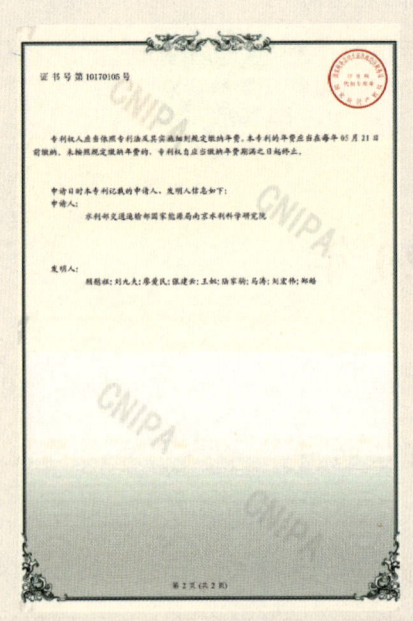

图3.113 "一种适合研究降雨-分层径流关系的人工流域"实用新型专利证书

2021 年

是年 90 岁。

顾慰祖虽然年老体弱,每天晚上除了看中央电视台的新闻联播外,主要的事情就是在深夜伏案写作。顾慰祖写作时有一个习惯,一边听自己喜欢的音乐一边构思写作,他最喜欢听的歌曲有两首,其中一首是《梦中的额吉》,他还把这首歌曲推荐给了中国建设银行的朱和海。另一首是西班牙作曲家、小提琴家帕布罗·德·萨拉萨蒂创作演奏的《流浪者之歌》。他说这首曲子时而高亢,时而低沉忧伤,时而平静,觉得这首曲子和他的人生经历很契合,所以非常喜欢听这首小提琴独奏曲,手机铃声也选用了这首曲子。

7月,接到科学出版社立项通知,启动有可能是世界首本《实验水文学》著作,顾慰祖开始着手进行此书的写作准备。全书计划分五十二章,顾慰祖不顾身体状况欠佳,准备自己一个人编写其中的五章(关键带水文实验体、关键带水文实验体的层级、量水建筑流量测验和径流组分测验、水文系统元素组成的中子活化测验、铀系不平衡同位素示踪),和他人合作编写十一章,并计划研究寻找水文学新理论。编制了《实验水文学》一书的写作提纲,并委托廖爱民博士作为书稿的联系人。

9月,陈昌春驱车前往滁州探望顾慰祖,跟顾慰祖聊及接近退休的闲话时,顾慰祖对陈昌春说:"说到退休,其实这并不是一个'约束',相反,也许可更集中精力去做未退休前未能做成之事。我许多事也是退休后才能做的。"

2022 年

是年 91 岁。

3 月 18 日，顾慰祖最后一次与南京水科院水文水资源研究所分管滁州基地的领导在线讨论基地发展问题，取得了"应采取并实现以水文水资源研究所为主导、服务中心为辅助"的管理思路共识。

3 月 31 日，自觉下腹部不适。

4 月 2 日，顾慰祖最后一次与徐荣年微信联系。

4 月 6 日 15：50，顾慰祖被送至滁州市第一人民医院就诊；去医院时顾慰祖还带了准备编写的《实验水文学》一书资料，未料输尿管支架置入手术失败，再被转至 ICU 抢救，病情持续加重。

4 月 11 日 16：09，顾慰祖心跳突然骤停，不幸辞世。南京水利科学研究院发布讣告（见图 3.114）。

讣　告

　　南京水利科学研究院水文水资源研究所顾慰祖教授级高工因病医治无效，于2022年4月11日16时09分在滁州逝世，享年90岁。
　　根据疫情防控要求，按照顾慰祖本人遗愿，一切从简。

顾慰祖同志治丧小组
2022年4月11日

图 3.114　南京水利科学研究院发布的讣告

　　4月12日，顾慰祖遗体在滁州市殡仪馆被火化；4月20日上午，其部分骨灰被洒在了滁州西涧，家人和学生为顾慰祖栽种四棵青松，播种顾慰祖最喜爱的牵牛花；4月26日上午，顾慰祖剩余骨灰被安葬在滁州新陵园，亲友们到此送别顾慰祖，烧纸钱、图纸和诗册；墓碑上篆刻着他曾经的励句："澹泊明志宁静致远，知足常乐能忍自安"（见图3.115）。

图 3.115　滁州新陵园顾慰祖墓地

顾慰祖人生的舞台谢幕了。

顾慰祖是一座永不灭的灯塔，将会继续照亮中国水文实验事业的道路。

图 3.116　滁州综合水文实验基地标志（顾慰祖设计）

滁州综合水文实验基地标志表明顾慰祖开展水文实验的理念，释义如下：

（一）基地标志中五个方块构成一个最古老的"水"字，也是八卦之一（坎卦）。后来及现在的"水"字是从这古水字从横向的象形演化为纵向而来。上部两个淡蓝色方块代表大气层，中部黄色方块代表非饱和带，下部两个紫色方块代表饱和带，即水文实验的研究对象。

（二）水文学经过多年在黑箱外的彷徨，才找到打开黑箱的办法：必须使用水示踪，最主要的是同位素和水化学指标，归结为核素。图中黑点黄晕部分即一个已知核素，右上角的黄云则表示猜测的未知核素及近期滁州基地扩展加入的水文地球物理学方法。

（三）右侧"CSHL"为滁州综合水文实验基地（Chuzhou Scientific Hydrology Laboratory）英文名的首字母。

（四）水文实验的研究对象是不可分隔的整体，与现在的"地球关键带"概念相符。地球关键带因水而有生命，因此，选用绿色作为底图，代表水和生命。

尾 声

The coda

顾慰祖先生不幸逝世后，许多单位和个人发来唁电或表示慰问。

一、学术团体及机构：

1. 2022年4月14日，国际水文科学协会中国委员会同位素分委员会（主席庞忠和、副主席陈宗宇、宋献方、卢征天）；

2. 2022年4月20日，黑龙江大学水利电力学院（院长戴长雷、退休教授季山）。

二、外国友人及同行：

1. 加拿大皇家科学院院士 Jeffrey McDonnell 先生；

2. 英国著名水文学家 Keith Beven 先生；

3. 竹内邦良教授（国际水文科学协会前主席，日本山梨大学）；

4. Mebus A. Geyh 教授（德国马尔堡-菲利普斯大学）；

5. Jan Frouz 教授（捷克共和国查尔斯大学）；

三、海外华人学者：

1. 郭俊克（美国内布拉斯加大学林肯分校）；

2. 韩良峰（联合国国际原子能机构）；

3. 梁信忠（美国马里兰大学）；

4. 胡顺福（美国南伊利诺伊州立大学）。

四、国内同行（按拼音次序排列，不分先后）：

1. 陈昌春（南京信息工程大学）；

2. 陈建生（河海大学）；

3. 陈廷扬（南京大学）；

4. 崔步礼（鲁东大学）；

5. 葛维亚（长江水利委员会）；

6. 桂和荣（安徽省宿州学院）；

7. 何大明（云南大学）；

8. 季山（黑龙江大学）；

9. 贾绍凤（中国科学院地理科学与资源研究所）；

10. 金光炎（淮河水利委员会）；

11. 金菊良（合肥工业大学）；

12. 李家荣（滁州市南谯区民政局）；

13. 廖爱民博士及学生们（南京水利科学研究院水文水资源研究所）；

14. 刘宏伟（南京水利科学研究院水文水资源研究所）；

15. 刘平贵（陕西省水文局）；

16. 陆海明（南京水利科学研究院水文水资源研究所）；

17. 庞忠和（国际水文科学协会中国委员会同位素分委员会主席）；

18. 瞿思敏（河海大学）；

19. 任立良（河海大学）；

20. 盛雪芬（南京大学地球科学与工程学院）；

21. 宋献方（中国科学院地理科学与资源研究所）；

22. 童海滨（河南大学）；

23. 汪集旸（中国科学院地质与地球物理研究所，中科院院士）；

24. 王刚（山东农业大学）；

25. 王全九（西安理工大学）；

26. 王永森（济南大学）；

27. 王宗志（南京水利科学研究院水文水资源研究所）；

28. 吴三保（科学出版社）；

29. 夏军（武汉大学，中科院院士）；

30. 许崇育（挪威奥斯陆大学，挪威科学院院士）；

31. 杨娜（南京信息工程大学）；

32. 杨戊（南京大学）；

33. 于福亮（中国水利水电科学研究院水资源所）；

34. 于静洁（中国科学院地理科学与资源研究所）；

35. 张伟兵（中国水利水电科学研究院水利史所）；

36. 章启兵（安徽省水利科学研究院）；

37. 郑子彦（中国科学院大气物理研究所）；

38. 朱和海（中国建设银行总行）；

39. 张翠云（中国地质科学院水文地质环境地质研究所）。

顾慰祖家人的感谢信

致敬各位老师和亲朋：

首先，我作为顾慰祖的儿子，在此代表全家向各位老师、父亲的生前友好，以及参加悼念的老友新朋们表示万分感谢！

先父于一个月前匆匆离世，我们全家始料未及，手足无措，陷于极度悲伤。按照先父遗愿和一贯作风，后事简朴低调处理。先父的同事、挚友，以及生前的国内外好友及其他了解先父事迹不久的新朋友们在得知消息之后，都先后采用不同方式表达哀思与深切的怀念，纷纷撰写纪念文章、发来唁电及提供照片、报告、文章等宝贵的资料，给在悲伤之中的我们带来了莫大的安慰。先父匆匆离开，最大的遗憾是手头的一些工作尚未能完成，但看到有这么多老师和挚友对他以及他的事业一如既往地支持与关心，先父在天之灵一定会感到很欣慰。

在此，我代表全家，再次感谢各位老师和亲朋、挚友、同事对家父的关心和厚爱，感谢先父原工作单位水利部南京水文水资源研究所的领导一直以来对他的照顾。特别致谢南京信息工程大学陈昌春老师，发起建立了"学术界缅怀顾慰祖先生"微信群，并精心编辑制作了《顾慰祖先生纪念册》，为我们带来安慰，留下一份珍贵的记忆。

追忆先父的工作过往和成就，以及大家对他的肯定，是给予我们家人和亲属的最好安慰和抚慰。

感激之情无以言表，我们全家铭刻于心，我们深深鞠躬致谢。

顾慰祖儿子：顾汶偕全家

2022年5月15日（五七祭日上）

附录一　顾慰祖内蒙古沙漠野外考察统计表

年份	月份	考察地区	野外营地 //次序（营地数）	次数 顺序	小计
1987	8—9	阿拉善盟、额济纳旗		1	1
1989	5	乌拉特前旗、额济纳旗		2	2
	9	额济纳旗		3	
1990	11—12	乌拉特前旗、额济纳旗		4	1
1991	5	乌兰布和沙漠		5	1
1993	8—9	沙金套海、额济纳旗		6	1
1994	8—9	额济纳旗		7	1
1995	8—10	额济纳旗、古日乃	1、2、3、4、5、7、8、9、10//1（9）	8	1
1996	9	额济纳旗、布龙呼都格		9	1
1997	7—10	额济纳旗、古日乃、白石头	1、2、3、4、5、6、7、9//2（8）	10	1
1998	5—6	额济纳旗、哲勒呼都格		11	2
	7—9	布龙呼都格、黑城		12	
1999	6—10	哲勒呼都格、布龙呼都格、黑城		13	
2000	6—10	小扎干敖包、额济纳旗、黑城、伊和呼和	1、2、3、4、5//3（5）	14	1
2001	7—10	桃来乌苏、苏勒图、巴彦浩特		15	
2002	7—10	桃来乌苏、苏勒图、巴彦浩特	1、2、3、4、6//4（5）	16	1
2003	8—10	桃来乌苏、苏勒图、巴彦浩特	1、2、4//5（3）	17	1
2004	4	额济纳旗、古日乃		18	2
	7—11	额济纳旗、桃来乌苏、唐家井、诺尔图	1、2、3、4//6（4）	19	
2005	6—10	沙尔呼都格、诺尔图、曹呼尔诺尔公	1、2、3、4//7（4）	20	1
2006	7—10	黑城、沙尔呼都格、诺尔图		21	1
2007	7—10	呼仑陶勒盖、诺尔图		22	1
2009	6	板滩井、诺尔图		23	2
	10～11	沙林呼都格、诺尔图		24	
2010	6	板滩井、诺尔图		25	1
2014	10	伊和吉格德、诺尔图、板滩井		26	1
2016	7	西诺尔图、庙海子、阿拉善右旗		27	1

从 1987 年到 2016 年的 30 年内，包括为考察做的前期准备工作，顾慰祖进入内蒙古沙漠地区 27 次。其中 1993 年至 2007 年 15 年每年都到大漠考察，没有空缺一次。1995 年起组织野外宿营考察七次，在荒漠中建立了考察营地 38 处。

附录二　顾慰祖国外学术交流活动统计表

年份	月份	国别/地点	学术活动内容
1985	10	土耳其/阿达纳	参加IAEA第六次国际"同位素和核技术在干旱半干旱地区水文学中的应用"研讨会
1987	3—4	奥地利/维也纳	参加IAEA第七次国际会议"同位素技术在水资源开发中的应用"研讨会
1989	11	美国/雷斯顿	参加USGS中美地表水研究合作
1990	9—10	荷兰/瓦赫宁根、德国/汉诺威、俄罗斯/莫斯科	参加"水文研究流域和环境"国际会议
1991	3—4	奥地利/维也纳、俄罗斯/列宁格勒（圣彼得堡）莫斯科	参加UNESCO及IAEA国际"水资源发展中的同位素方法"研讨会
1992	9—12	德国/汉诺威、俄罗斯/圣彼得堡	参加德国第六次水示踪国际研讨会，被聘任为瓦尔达依水文实验基地高级科学顾问
1996	3—4	尼泊尔/加德满都	参加高山地区生态水文学国际会议
1996	10—11	美国/波士顿	申请地球观察研究志愿者
1999	5	蒙古国/乌兰巴托、奥地利/维也纳、德国/汉诺威	以IAEA派赴蒙古国专家团专家身份去蒙古国短期工作，参加IAEA国际"水资源发展和管理中的同位素方法"研讨会
2000	6	以色列/特拉维夫	参加2000年关于水与环境问题国际会议
2003	3—4	德国/柏林、法国/巴黎、瑞士/苏黎世	访问、研学
2004	5	澳大利亚/墨尔本	访问、研学
2005	5	以色列/本·古里安大学、魏茨曼科学研究所	访问、研学
2006	5	奥地利/维也纳、瑞士/苏黎世	参加IAEA会议
2007	5	奥地利/维也纳	参加IAEA国际"同位素水文学进展及其在水资源可持续应用中的作用"研讨会
2008	6	美国/俄勒冈州	访问

附录三　顾慰祖公开发表的学术论文统计

从 1954 年到 2022 年，顾慰祖陆续发表了中英文学术论文 124 篇；其中以第一作者身份发表的有 89 篇。涉及的学术领域分别是工程水文学、实验水文学和同位素水文学等三个方面。

历年顾慰祖发表的论文汇总统计如下。

1954 年

1. 顾慰祖. 单位过程线之分析［J］. 工程建设，1954（6）：18-30.

1955 年

2. 顾慰祖. 小流域最大初期损失及前期影响系数之分析［J］. 工程建设，1955（8）：22-26.

3. 顾慰祖执笔，治淮委员会工程部. 淮河综合法推求单位过程线方法简介［J］. 治淮汇刊，1955：501-514.

1957 年

4-1. 顾慰祖. 农业坡水地区的径流过程计算（上）［J］. 工程建设，1957（5）：26-34.

4-2. 顾慰祖. 农业坡水地区的径流过程计算（下）［J］. 工程建设，1957（6）：23-30.

1958 年

5. 顾慰祖. 根据潜水动态计算坡水区降雨损失量［J］. 中国水利，1958（6）：32-39.

6. 顾慰祖执笔，勘测设计院. 安徽省淮北河网化地区 1958 年调查观测资料的分析研究［J］. 安徽水利电力技术，1958（10）：1-32.

7. 顾慰祖执笔，勘测设计院技术组. 安徽省丘陵地区的年平均产水量［J］. 安徽水利电力技术，1958（12）：1-4.

1959 年

8. 顾慰祖. 坡水区小型排水沟洫圩田对径流情况的影响［J］. 工程建设，1959（2）：38-41.

1965 年

9. 顾慰祖，梁士廉. 青沟径流实验站近况［J］. 水利水电技术，1965（6）：43.

1979 年

10. 顾慰祖，陈廷扬，吕明强. 中子散射理论在测定土壤水分中的应用［J］. 水文，1979（3）：15-21.

1980 年

11. 顾慰祖，吕明强. 测定土壤水分的中子散射理论和方法［G］// 暴雨洪水计算论文集. 南京：水利部南京水文研究所，1980：362-373.

1982 年

12. 顾慰祖，温灼如. 实验流域系统和滁州实验流域研究［C］// 水文研究论文集. 南京：水利电力部南京水文水资源研究所，1982：214-233.

13. 顾慰祖. 小河测流建筑物量水方法［J］. 水文，1982（4）：2-9.

1983 年

14. 顾慰祖，吕明强. 实验流域非饱和带土壤水分的中子散射法研究［J］. 南京大学学报（地理学），1983（1）：84-100.

15. 顾慰祖. 农业水文实验研究［M］// 施成熙. 农业水文学. 北京：农业出版社，1983：383-413.

1984 年

16. 顾慰祖. 关于量水建筑物有关规定的讨论［J］. 黑龙江水利技术，1984（1）：1-5.

17. 顾慰祖. 关于量水槽有关规定的讨论和建议［J］. 黑龙江水利技术，1984（1）：1-5.

18. Gu W Z. On establishment of a network in China for monitoring of isotopic composition in precipitation（中国降水同位素组成监测网络的建立），for IAEA Adana Seminar，1985.

19. Gu W Z. Using nuclear methods to separate the contribution of surface water and subsurface water from hydrograph（for discussion）［使用核方法从水

文过程中分离地表水和地下水（讨论用）］，for IAEA Adana Seminar，1985.

1986年

20. 顾慰祖.同位素水文学的形成和发展［J］.黑龙江水专学报，1986（2）：1-3.

21. 顾慰祖.降水中的环境同位素［J］.黑龙江水利水电技术，1986（3）：1-8.

22. 吕明强，顾慰祖.用中子探测器进行土壤水分的研究［C］//中国地理学会第三次全国水文学术会议论文集.北京：科学出版社，1986：204-208.

23. 周钟瑜，顾慰祖.灌区流量和水量测验的量水方法［J］.灌溉排水，1986，5（2）：30-38.

1987年

24. 顾慰祖，薛凤娣.陆面蒸发的热平衡测验［J］.福建水利科技，1987（2）：1-4.

25. 顾慰祖.小河测流建筑物量水方法［G］//水文水资源论文集.北京：水利电力出版社，1987：493-501.

26. 顾慰祖，陆家驹.核方法土壤蒸发测验［G］//水文水资源论文集.北京：水利电力出版社，1987：502-506.

27. 顾慰祖.论实验水文学领域和途径［G］//水文水资源论文集.北京：水利电力出版社，1987：507-515.

28. 顾慰祖.雪的同位素测验和研究［J］.黑龙江水专学报，1987（3）：13-23.

29. Gu W Z. Spatial evapotranspiration characteristics of an experimental basin by using of a neutron probe（采用中子探针研究实验流域空间上的蒸散发特性）［C］//Extended Synopses，International Symposium on the Use of Isotope Techniques in Water Resources Development. Vienna：IAEA，1987：214.

30. Gu W Z. Measurement of spatial evapotranspiration characteristics of an experimental basin using a neutron probe（使用中子探针测量实验流域空间上的蒸散发特征）［C］//Isotope Techniques in Water Resources Development，

Vienna: IAEA, 1987: 789-793.

31. Gu W Z, LV M Q, Chen T Y and Lu J J. A systematic study of distribution characters of infiltration parameters in an experimental basin by nuclear methods（采用核方法系统研究实验流域下渗参数的分布特征）[C]//Isotope Applications in Hydrology in Asia and the Pacific. Beijing: IAEA, 1987: 265-276.

32. Gu W Z. The identification of the groundwater recharge components of Gurinai Grassland in Inner Mongolia（内蒙古古日乃草原地下水补给成分的识别）[R]. 1987.

33. 蒋锡良，吕明强，顾慰祖. 水稻需水量的田间实验研究 [J]. 水资源研究，1987，8（1）：1-6.

34. Geyh A, Gu W Z. Sampling programme for Gurinai grassland（古日乃草原采样方案）[R]. 1987.

1988年

35-1. 顾慰祖. 地表水的同位素测验和研究（一、二）[J]. 黑龙江水专学报，1988（1）：1-7.

35-2. 顾慰祖. 地表水的同位素测验和研究（三）[J]. 黑龙江水专学报，1988（2）：1-7.

35-3. 顾慰祖. 地表水的同位素测验和研究（四、五、六）[J]. 黑龙江水专学报，1988（4）：2-12.

36. 顾慰祖，吕明强，陈廷扬，陆家驹. 实验流域下渗参数分布的核方法研究 [J]. 南京大学学报（自然科学），1988：99-107.

37. Gu W Z. Verification of the mechanisms of storm runoff generation and determination of runoff components using environmental isotopes（应用环境同位素研究中国湿润地区及半干旱地区代表流域的径流组成）[M]//水利部南京水文水资源研究所滁州实验基地第一个十年简况（1981—1991）. 内部资料，1991.

38. Gu W Z. Field research on surface water and subsurface water relationships

in an artificial experimental catchment（人工实验流域地表水与地下水关系的野外场地研究）[C]//Dahlblom P. and Lindh A. G.（Edi）, Interaction between Groundwater and Surface Water, International Symposium, 30 May-3 June, Sweden: Ystad, 1988: 33-41.

39. Gu W Z, Kong X L, Lian G R. Hydrology of the Gurinai wetland in arid region of the northwestern of China（中国西北干旱区古日乃湿地水文状况）[M]//水利部南京水文水资源研究所滁州实验基地第一个十年简况（1981—1991）. 内部资料, 1991.

1989 年

40. 顾慰祖. 悬沙的同位素测验和研究[J]. 黑龙江水专学报, 1989（2）: 1-7.

41. 顾慰祖. 底沙的同位素测验和研究[J]. 黑龙江水专学报, 1989（4）: 2-12.

42. 顾慰祖. 我国径流实验研究的回顾与展望[J]. 水文, 1989（国庆专辑）: 105-107.

43. Gu W Z. Wetland hydrologic system of Gurinai grassland（古日乃草原湿地水文系统研究）[C]//Extended Synopses, International Geological Congress 28th Session, Washington, DC, 1989: 592-593.

44. Gu W Z, Sklash M G. Natural isotopic tracer and hydrometric studies of storm runoff generation in China（中国暴雨产流的自然同位素示踪剂和水文测验研究）[C]//Chapman Conference on Hydrogeochemical Responses of Forested Catchments. AGU, 1989.

45. Gu W Z. Which hydrograph a hyetograph corresponds to？—A combined natural tracer-hydrometric experimental research on runoff generation（一场降雨对应哪个流量过程？——组合天然示踪剂和水文测验开展产流实验研究）[C]//Champman Conference on Hydrogeochemical Responses of Forested Catchments. AGU, 1989.

46. Sklash M G, Gu W Z. A natural isotopic tracer and hydrometric study of

storm runoff generation（Abstract）［暴雨径流产生的自然同位素示踪和水文测验研究（摘要）］［M］//水利部南京水文水资源研究所滁州实验基地第一个十年简况（1981—1991）.内部资料，1991.

47. Sklash M G，Gu W Z. Application of environmental isotopes to the study of hydrology and water resources in China（应用环境同位素研究中国水文和水资源），Linkage project in environmental isotopes hydrology［M］//水利部南京水文水资源研究所滁州实验基地第一个十年简况（1981—1991）.内部资料，1991.

1990 年

48. 顾慰祖.水文实验研究与"杂交水文学"［J］.水文科技情报，1990（4）54-56.

49. Gu W Z，Hooghart J C，Posthumus C W S. Experimental and representative basin Studies in China: a 35th anniversary review（中国实验和代表流域研究：35周年综述）［C］//Hydrological Research Basins and Environment. IHP，Holland：The Hague，1990：175-186.

50. Gu W Z. Wetland hydrologic system with special reference to the Gurinai wetland within the gobi desert（湿地水文系统——特别以戈壁沙漠中的古日乃湿地为例）［C］//Verlag Heinz GmbH, Co. KG. Selected papers on hydrogeology from the 28th International Geological Congress. Germany：Hannover，1990：271-282.

51. Gu W Z，Sklash M G. Experimental research on a misconception in rainfall runoff relationship by environmental isotopes（Abstract）［关于环境同位素在降雨径流关系误解的实验研究（摘要）］［M］//水利部南京水文水资源研究所滁州实验基地第一个十年简况（1981—1991）.内部资料，1991.

52. Gu W Z. Some Fundamental problems with isotopic separation of runoff components from natural basin.（Abstract）［同位素分割天然流域径流组分的若干基本问题（摘要）］［M］//水利部南京水文水资源研究所滁州实验基地第一个十年简况（1981—1991）.内部资料，1991.

53. Gu W Z. A case study of hydrochemical composition with special reference to water from different hydrological regions of China by neutron activation（Abstract）[采用中子活化法研究中国不同水文区水化学成分的实例（摘要）][M]//水利部南京水文水资源研究所滁州实验基地第一个十年简况（1981—1991）.内部资料，1991.

54. Geyh M A，Gu W Z. Guideline for groundwater sampling for isotope analyses（用于同位素分析的地下水取样指南）[M]//水利部南京水文水资源研究所《滁州实验基地第一个十年简况（1981—1991）.内部资料，1991.

55. Carolk，Gu W Z. Development of isotopically heterogeneous infiltration waters in an artificial catchment in Chuzhou, China（中国滁州人工流域中同位素非均质下渗水的产生）[C]//Extended Synopses of International Symposium "On the Use of Isotope Techniques in Water Resources Development"，Vienna：IAEA，whole version，1990.

56. Geyh M A，Gu W Z. Preliminary isotope hydrological study in the arid Gurinai grassland area, Inner Mongolia（内蒙古古日乃草原干旱区同位素水文初步研究）[C]//Extended Synopses of International Symposium "On the Use of Isotope Techniques in Water Resources Development"，Vienna：IAEA，whole version，1990.

1991年

57. 顾慰祖.水文实验研究——水文科学的发展现况与展望（6）[J].水文科技情报，1991（2）：20-26.

1992年

58. Gu W Z. Challenges on some rainfall-runoff concepts traced by environmental isotopes in experimental catchments（实验流域环境同位素示踪中现行降雨-径流概念所面临的挑战）[M]//Tracer Hydrology. Rotterdam，Netherlands: Balkema Publishers，1992：397-403.

59.顾慰祖.集水区降雨径流响应的环境同位素实验研究[J].水科学进展，1992，3（4）：246-254.

1993 年

60. 顾慰祖. 水文实验研究［M］//水利水电勘测设计专业综述. 成都：电子科技大学出版社，1993：30-37.

61. 顾慰祖. 与美国同位素水文和水资源研究的交流与合作［M］//国外水利水电考察报告选编. 北京：水利电力出版社，1993：403-406.

62. Gu W Z. Basin studies in China over the last four decades（中国近四十年来的流域研究）［J］. ERB/BREVES No.9. Wallingford, UK, 1993：12.

63. Gu W Z, Longinelli A. A case study on the hydrological significance of stable isotope data on alpine catchments, Xinjiang, China（关于中国新疆高山流域稳定同位素数据水文意义的实例研究）［J］. Snow and Glacier Hydrology, IAHS Publication, 1993（218）：371-383.

64. 王全九，沈晋，王文焰，顾慰祖，秦务光，杨牛珍. 降雨条件下黄土坡面溶质随地表径流迁移实验研究［J］. 水土保持学报，1993，7（1）：11-17，52.

1994 年

65. Gu W Z. Experimental Research on Isotopic Hydrograph Separation（同位素水文过程线分割的实验研究）［R］//国际原子能机构内部研究报告，No.5001/RB，1994：1-71.

66. Gu W Z, Geyh M A. Possible flash flood recharge of groundwater in the arid Gurinai grassland, Inner Mongolia（内蒙古古日乃草原地下水可能的山洪补给）［C］//Flash Floods in Arid and Semi-Arid Zones, Xi'an, 26-29 Sep., 1994, Nanjing: Hohai University Press, 1994：21-28.

67. 严家骏，顾慰祖. 纪念同位素水文学奠基人 Bryan Roger Payne［J］. 水科学进展，1994，5（2）：160-163.

68. Geyh M A, Gu W Z. Flash flood, an important source of desert groundwater identified from Gurinai grassland, Inner Mongolia（Abstract）（山洪是内蒙古古日乃草原沙漠地下水的重要来源（摘要））［C］//International Symposium on Flash Floods in Arid and Semi-Arid Zones, 1994：3-4.

1995年

69. 顾慰祖. 利用环境同位素及水文实验研究集水区产流方式［J］. 水利学报，1995（5）：9-17.

70. Gu W Z, Freer J. Patterns of surface and subsurface runoff generation identified hydrologically and isotopically within experimental basins（通过水文和同位素方法识辨出实验流域内地表和地面下径流的产生方式）［J］. Tracer Technologies for Hydrological Systems, IAHS Publication No.229. 1995：265-273.

71. Gu W Z, Peters N E. Spatial variation in background geochemistry of the Gurinai Wetland, Gobi Desert, Inner Mongolia（内蒙古戈壁古日乃湿地背景下地球化学的空间变异）［M］//Models for Assessing and Monitoring Groundwater Quality, IAHS Publication No.227, 1995：85-90.

72. 赵珂经，顾慰祖，顾文燕，毛羽骏. 中国降水同位素站网［J］. 水文，1995（5）：25-27.

73. Geyh M A, Gu W Z, Jakel D. The ecohydrological degenerative grassland Gurinai within the Gobi Desert, Inner Mongolia（内蒙古戈壁沙漠中生态水文退化的古日乃草地）［C］//Extended Synopses, International Symposium on Isotopes in Water Resources Management. Vienna：IAEA, 1995：363-364.

1996年

74. 顾慰祖. 论流量过程线划分的环境同位素方法［J］. 水科学进展，1996，7（2）：105-111.

75. Gu W Z. Unreasonableness of the current two-component isotopic hydrograph separation for natural basins（目前天然流域二组分同位素水文过程线分离的不合理性）［C］//Isotopes in Water Resources Management 1995. Vienna：IAEA, 1996：261-264.

76. Araguas A, Rozanski K, Yurtesever Y, Gu W Z, et al. Climatic control of stable isotope composition of precipitation over the South-East Asia（东

南亚降水稳定同位素组成的气候控制）[C]//Isotopes in Water Resources Management 1995. Vienna: IAEA, 1996: 355-357.

77. Verhagen B T, Gu W Z. Environmental isotope study of sources of recharge in the Ulan Buh Desert, Inner Mongolia（内蒙古乌兰布和沙漠补给源的环境同位素研究）[C]//Isotopes in Water Resources Management, 1995, Vienna: IAEA, 1996: 459-462.

78. Geyh M A, Gu W Z, Jakel D. Groundwater recharge study in the Gobi Desert, China（中国沙漠地下水补给研究）[J]. Geowissenschaften, 1996, 14（7-8）: 279-280.

1997 年

79. 顾慰祖, 谢民. 同位素示踪划分藤桥流域流量过程线的试验研究[J]. 水文, 1997（1）: 30-33, 24.

80. 顾慰祖. 同位素水文水资源研究[G]//二十周年文集. 南京: 水利部南京水文水资源研究所, 1997: 101-110.

81. Gu W Z, Ye G J, Lin Z, et al. Isotopic and hydrochemical tracing for a Cambrian-Ordovician carbonate aquifer system of the semi-arid Datong area, China（中国大同半干旱地区寒武系-奥陶系碳酸盐含水层系统的同位素和水化学示踪）[M]//Tracer Hydrology Rotterdam, Netherlands: Balkema Publishers, 1997: 237-244.

1998 年

82. Gu W Z, Tudeng-Xiangpei, Li D M, Danba-Gong. A neutron activation study of the geochemistry in the natural waters in Lhasa, Tibet, China（中国西藏拉萨天然水域地球化学的中子活化研究）[C]//Ecohydrology of High Mountain Areas 1996, ICIMOD, Kathmanda, Nepal, 1998: 573-577.

83. Gu W Z. A neutron activation study on the hydrogeochemistry of natural waters of Haikou, Hainan Island, China（中国海南岛海口天然水域水文地球化学的中子活化研究）[G]//Hydrology in the Humid Tropic Environment, IAHS Publication no. 253, 1998: 429-434.

84. Gu W Z. Origin of the isotopically anomalous groundwater in the Gobi desert, Inner Mongolia（内蒙古戈壁沙漠地下水同位素异常的成因）[R] 国际原子能机构内部研究报告，8551/R1，1998.

85. Geyh M A，顾慰祖，刘涌，贺祥，邓吉友，乔茂云. 阿拉善高原地下水的稳定同位素异常[J]. 水科学进展，1998，9（4）：333-337.

1999 年

86. Geyh M A, Gu W Z. Isotopically highly enriched shallow groundwater below dry sediments（干沉积物下浅层地下水同位素高富集）[C]. Extended Synopses, International Symposium on Isotope Techniques in Water Resources Development and Management 1999, Vienna: IAEA, 1999: 49-50.

87. Geyh M A, Gu W Z. Highly isotopically enriched shallow groundwater below overlying dry sediments（干沉积物下高同位素富集的浅层地下水）[C/OL] Isotope Techniques in Water Resources Development and Management, Vienna: IAEA, CD-ROM, 1999.

88. Lee C L, McDonnell J, Gu W Z. Threshold processes and spatial structure in controlling hydrological connections in a small headwater catchment: preliminary analysis（控制小流域内的水文连通的阈值过程与空间结构：初步分析）[C]//1999, AGU Meeting, USA.

2000 年

89. 顾慰祖，林曾平，费光灿，郑平生. 环境同位素硫在大同南寒武–奥陶系地下水资源研究中的应用[J]. 水科学进展，2000，11（1）：14-20.

2001 年

90. 顾慰祖,陆家驹,费光灿,林曾平,郑平生.铀系不平衡在大同南寒武–奥陶系地下水资源研究中的应用[J].水科学进展，2001，12（2）：177-184.

91. Gu W Z, Geyh M A. Hydrochemistry of the arid Alxa Plateau, Inner Mongolia（内蒙古干旱地区阿拉善高原的水化学研究）[G]//Water and Environment: Resolving Conflicts in the Development of Drylands 2000, Beer-Sheva, Israel, CWST, Ben-Gurion University of the Negev, Israel, 2001:

49-51.

92. Kendall C, McDonnell J, Gu W Z. A look inside 'Black Box' hydrograph separation models: a study at the Hydrohill catchment（探究"黑箱"式水文分割模型的内部：水文山流域的一项研究）[J]. Hydrological Process, 2001（15）: 1877-1902.

2002 年

93. 顾慰祖，陆家驹，谢民，张汝智. 乌兰布和沙漠北部地下水资源的环境同位素探讨[J]. 水科学进展，2002，13（3）：326-332.

94. Gu W Z, Lu J J. Recharge sources of groundwater identified by environmental isotopes in Wulan-Buhe Desert, Inner Mongolia（内蒙古乌兰布和沙漠地下水补给源的环境同位素特征）[C]. Balancing the Groundwater Budget, Australia: Darwin, 2002.

95. Gu W Z, et al. Environmental isotope study of the groundwater resources in the north Wulan-Buhe Desert, Inner Mongolia（内蒙古乌兰布和沙漠北部地下水资源环境同位素研究及其在地下水平衡中的应用）[C]. Balancing the Groundwater Budget, Australia: Darwin, 2002.

2003 年

96. 顾慰祖，陆家驹，唐海行，王全九. 水文实验求是传统水文概念——纪念中国水文流域研究50年、滁州水文实验20年[J]. 水科学进展，2003，14（3）：368-378.

97. 顾慰祖，陆家驹，陈廷扬，徐其高，Peters N E. 中国陆地水元素组成的中子活化分析试验[J]. 水科学进展，2003，14（5）：535-541.

98. 顾慰祖，卞传恂，宋家常. 探索水文现象和流域水文过程——纪念安徽水文实验研究50年[J]. 安徽水利科技，2003，（2）：40-41.

99. 陈建生，凡哲超，汪集旸，顾慰祖，赵霞. 巴丹吉林沙漠及其下游地下水同位素分析[J]. 地球学报，2003，24（6）：497-504.

2004 年

100. 顾慰祖，陈建生，汪集旸，赵霞，谢民，陆家驹. 巴丹吉林高大沙山表层孔隙水现象的疑义［J］．水科学进展，2004，15（6）：695-699．

101. 顾慰祖，陆家驹等．同位素水文流域研究［M］//中国水文科学与技术研究进展．南京：河海大学出版社，2004，387-391．

102. Gu W Z，Liu C M，Song X F，Yu J J，Xia J，Wang Q W，Lu J J. Hydrological experimental system and environmental isotope tracing: a review on the occasion of the 50th anniversary of Chinese basin studies and the 20th anniversary of Chuzhou Hydrology Laboratory（水文实验系统与环境同位素示踪：中国流域研究50周年暨滁州水文实验基地20周年综述）［M］//Research Basins and Hydrological Planning，A.A. Balkema Publishers，2004，11-18．

103. 陈建生，汪集暘，盛雪芬，赵霞，顾慰祖，苏治国．阿尔金断裂中的地下水补给巴丹吉林沙漠湖泊的同位素证据［G］//中国水文科学与技术研究进展，南京：河海大学出版社，2004：425-429．

104. 陈建生，汪集暘，赵霞，盛雪芬，顾慰祖，陈亮，苏治国．用同位素方法研究额济纳盆地承压含水层地下水的补给［J］．地质评论，2004，50（6）：649-658．

105. Shiklomanov I A，Gu W Z，Marunich S V，Kaliuzhny I L，Song J C，Tang H X，Lu J J. Experimental research on the role of dew in arid ecosystem of Gobi Desert，Inner Mongolia（内蒙古戈壁沙漠干旱生态系统中露水作用的实验研究）［M］//Research Basins and Hydrological Planning，A.A. Balkema Publishers，2004：329-332．

106. Chen J S，Li L，Wang J Y，Barry D A，Sheng X F，Gu W Z，Zhao X，Chen L. Groundwater maintains dune landscape（地下水维持沙丘景观）［J］Nature，2004，432（7016）：459-460．

107. Song X，Yu J，Xia J，Gu W Z，Lu J. The uranium disequilibrium of groundwater at Gobi Desert in the arid Alxa Plateau，Inner Mongolia（内蒙古阿拉善高原戈壁沙漠地下水的铀不平衡）［C］//Isotope Hydrology and Integrated Water Resources Management，Vienna：IAEA，2004：194-196．

108. Lu J J，Ye N J，Gong J S，Ha C Y，Gu W Z. Catchment scale for

the baseflow age distribution characterizing aquifer perturbations resulted from catchment environment with special reference to the Huaihe River basin（流域尺度上基流年龄分布刻画流域环境造成的含水层扰动特征——以淮河流域为例）［C］//Abstracts，1st Research Coordination Meeting within the CRP on Isotopic Age and Composition of Streamflow as Indicator of Groundwater Sustainability，Vienna：IAEA，2004.

2005 年

109. Gu W Z，Lu J J. Element composition of Chinese river water analyzed by neutron activation（使用中子活化法分析中国河流水的元素组成）［J］. Geophysical Research Abstracts，2005，7：03936.

2006 年

110. Gu W Z，Lu J J，Lutz S. What had experienced scientifically the experimental basins of China during the last 50 years（过去 50 年中国实验流域在科学上经历什么？）［J］. Geophysical Research Abstracts，EGU06-A0001，HS6-1TU1P-0001，European Geosciences Union.

111. Gu W Z，Ye N J，Lu J J，Gong J S，Ge W Y，Environmental isotopic study for groundwater of the North Plain of Huai He River，China（中国淮北平原地下水环境同位素研究）［G］//Abstracts，2nd Research Coordination Meeting within the CRP on Isotopic Age and Composition of Streamflow as Indicator of Groundwater Sustainability，Vienna：IAEA，2006.

112. Gu W Z，Peters K，Willi S，Lu J J. Groundwater recharge in the Badain Jaran Shamo，Inner Mongolia（内蒙古巴丹吉林沙漠地下水补给）［C］//Abstract volume，Full Paper CD，The 34th Congress of International Association of Hydrologists，9-13 October，Beijing，2006.

2007 年

113. 顾慰祖，陆家驹，赵霞，Norman E. Peters. 无机水化学离子在实验流域降雨径流过程中的响应及其示踪意义［J］. 水科学进展，2007，18（1）：1-7.

114. Gu W Z，Lu J J，Wu Y. Identification of groundwater recharge sources

by using of ²³⁴U excess and ³⁴S for the arid Ejina-Badain Jaran Interior Basin of Alxa Plateau in Inner Mongolia（内蒙古阿拉善高原干旱的额济纳—巴丹吉林内陆流域采用 ²³⁴U 盈余和 ³⁴S 识别地下水补给源）[C] //Advances In Isotope Hydrology and Its Role in Sustainable Water Resources Management，IAEA，Vienna，2007.

115. Gu W Z，Lu J J. The disposition of water resources of arid area with special reference to the Alxa Plateau, Inner Mongolia（干旱区水资源配置研究——以阿拉善高原为例）[M] //Translating Scientific Results into Conservation Actions: New Roles, Challenges and Solutions for 21st Century Scientists. Earthwatch Institute，Boston，2007：19-21.

116. Ye N J，Gong J S，Ge W Y，Lu J J，Ha C Y，Gu W Z. Environmental isotopic study for groundwater of the North Plain of Huai He River，China（淮北平原地下水环境同位素研究）[C] //Advances In Isotope Hydrology and Its Role in Sustainable Water Resources Management（IHS–2007），Vienna：IAEA，2007.

2010 年

117. 顾慰祖，尚熳廷，翟劭燚，陆家驹，Jason F，McDonnell J，Kendall C. 天然实验流域降雨径流现象发生的悖论 [J]. 水科学进展，2010，21（4）：471-478.

2013 年

118. Gu W Z，Liu J F，Lu J J，Frentress J. Current challenges in experimental watershed hydrology（实验流域水文学的当前挑战）[M]. Bradley P. Current Perspectives in Contaminant Hydrology and Water Resources Sustainability. INTECH publisher. 2013. http://dx.doi.org/10.5772/55087.

119. Ma T，Yue F J，Ding H，Gu W Z，Lin H. Hydrochemical constituents and hydropedological interflow from artificial experimental hillslopes and catchments（人工实验山坡和流域的水化学成分和水文土壤学意义上的壤中流）[C] //AGU Chapman Conference，Monitoring Strategies of Soil-Mediated

Processes and Drivers From Local to Catchment Scales Over Time，21-24 Oct. 2013. Tucson，USA.

2016 年

120. 庞忠和，顾慰祖. 纪念同位素水文学家 Klaus Froehlich［J］. 水科学进展，2016，27（5）：792.

2017 年

121. 杨娜，刘九夫，廖爱民，王文种，郑皓，林锦，顾慰祖. 皖北典型区高氟地下水的分布及影响因素［J］. 水文地质工程地质，2017，44（3）：33-41.

2018 年

122. Hu W Z，Liu J F，Lin H，Lin J，Liu H W，Liao A M，Wang N，Wang W Z，Ma T，Yang N，Li X G，Zhuo P，Cai Z. Why Hydrological maze: The hydropedological trigger? Review of experiments at Chuzhou Hydrology Laboratory（为什么会出现水文之迷：是水文土壤因素触发的吗？回顾滁州水文实验基地开展的实验）［J］. Vadose Zone Journal，17：170174.

123. Gu W Z，Liu J F，Liao A M，Wang N，Lu J J，Lin J，Liu H W，Wang W Z，Ma T，Cai Z，Liao M H，Li X G，Zhuo P，Yang N. Practice on the Watershed Hydrological Experimental System reconciling deterministic and stochastic subjects based on the system complexity 1. Theoretical study（基于系统复杂性协调确定性与随机性的流域水文实验系统实践 1. 理论研究）［G］//Liu J F，Gu W Z. Hydrology of Artificial and Controlled Experiments. London：InTech. 2018：227-251.

124. Liu J F，Liao A M，Wang N，Lin J，Liu H W，Wang W Z，Ma T，Cai Z，Liao M H，Li X G，Zhuo P，Yang N，Lu J J，Gu W Z. Practice on the Watershed Hydrological Experimental System reconciling deterministic and stochastic subjects based on the system complexity 2. Practice and test（基于系统复杂性协调确定性和随机性的流域水文实验系统实践 2. 实践和检验）［G］//Liu J F，Gu W Z. Hydrology of Artificial and Controlled Experiments. London：InTech. 2018：253-281.

附录四　2004年内蒙古水损失项目考察探险情况摘录（英）

Inner Mongolia's Lost Water

EXPEDITION BRIEFING

January 2004

Dear Volunteers,

Welcome to the Inner Mongolia research project, "Inner Mongolia's Lost Water". We are delighted that you will be joining us. For more understanding of the historic and modern processes of desertification, the possibility of rehabilitation and raising the hopes of the herdsmen in this area, Earthwatch volunteers will certainly be the key contributors to the success of these purposes.

This area, Ejin (Ejina) Basin, is geomorphologically a fault basin with the vast Gobi desert and degenerating grassland at present. NASA described it as one of the typical representatives of such kind in the world. However, this area once had a prosperous history with many cities, residential sites, temples, lakes, grasslands and trading camel teams from the Silk Road. For a long time, since about 200 B.C., this area was the land of many dynasties of national minorities. Flake tools of the Stone Age in dunes also give evidence about a former scene with rich soil and water. While we cannot prevent past desertification within these high dunes and ruins, we hope that in the future it will be minimized in response to an improved understanding of the mechanisms and history of desertification in the region.

This project is the beginning of an exciting long-term monitoring effort with multidisciplinary and international cooperation. However, it would only be a dream without the kind support of Earthwatch volunteers!

This project involves several objectives that necessitate a variety of methods to achieve a solid understanding of the desertification processes in China, to monitor the degeneration of grassland and to evaluate the water resources of this huge arid area. Methods include: examination, surveying, ecohydrological observations, water sampling for hydrochemical and isotopic research. In addition to the general work plan in the field, you are very welcome to utilize your skills to design your own research in the field. You will have the opportunity to undertake a wide range of investigation and to experience a remote Inner Mongolia wilderness deep in the desert with limited access and contact with the outside world.

We feel immense gratitude to 187 volunteers (19 400 person-hours) from 15 countries that have joined our expedition since 1997. They bestowed a great favour by putting this project—a lifelong dream of ours—into practice. They camped at the ruins of ancient cities, wandered over the sand mountains as the nomads did or stayed in Mongolian homes. Sometimes we felt as if we were on another planet, and sometimes we felt as if time were solidified and we had returned to an ancient village of thousand years ago, to the sites of Stone Age. The results of our work are challenging. Some current concepts of arid hydrology and ecology suggest many explanations. However, the more we study this huge wild area, the more questions are raised from the mysterious phenomena found during the expeditions; it stimulates and lures us to get deeper into their surge wildness.

For 2004, we have scheduled five teams to continue to date and explore the puzzling new discoveries of past expeditions. Teams Ⅰ, Ⅱ and Ⅲ will set out from Ejin Qi, the westernmost border city of Inner Mongolia, in the footsteps of Marco Polo within the area of ancient ruins of abandoned cities, rivers and irrigation canals and grassland. We will visit many ancient city ruins and stay there several days, then go to Guai-Zi grassland within the Gobi desert for sites with different coverage and for sand dune area at the edge of Badain Jaran Desert of Stone Age. Team Ⅳ and Ⅴ will set out from Alxa Youqi, the west part of the Mongolian Alxa Qi, to go to a one-family village as our base camp, then within the area of the Stone Age site, our camel caravan will move into the hinterland of Badain Jaran Desert with highest sand mountains of the world. We will camp by the mysterious lake recharged by fresh springs within sand mountains for several days' investigations. In fact, Earthwatch expeditions in the Gobi desert area of Teams Ⅰ-Ⅲ are the first Sino-foreign joint since the expedition under the leadership of Dr. Sven Hedin during 1927-1935. Those in the Badain Jaran Desert of Team Ⅳ and Ⅴ are the only Sino-foreign joint teams who across this huge desert of 44 300 km^2 (17 110 sq. mi) up to now.

For your convenience, we will take care of all arrangements for your journey to the field site Ejin Qi from Xi'an, the capital city of Shaanxi Province (Team Ⅰ, Ⅱ and Ⅲ) and, to the field site Alxa Youqi from Yinchuan, the capital city of Ningxia (Team Ⅳ and Ⅴ). On the way to and/or from our study area, there will be the opportunities for some sightseeing for world cultural heritage and historic sites as well, e.g., three Great Walls from 214 B.C.

Living and working in Ejin Basin, truly China's last frontier isn't for everyone; the conditions there can be a challenge and require both physical and mental preparation. We welcome you to join us in a taste of the frontier lifestyle in one of the largest Gobi desert areas of China and the world!

A warm welcome awaits you not only from the reserve staff, but also from the Mongolian people whom you will meet either during trips in the remote desert or talking at their homes while enjoying a dinner of Mongolian style with Hada, lamb and songs in your honor.

This is an expedition during which you will have the opportunity to use your energies for raising hopes for the prosperity of this wild area and for the Mongolian people there. I sincerely look forward to meeting and working with all of you!

Yours very sincerely,

顾慰祖

Schedule for the expedition

For Teams Ⅰ, Ⅱ and Ⅲ

In the Gobi Desert with ancient city ruins

7:00 am   rise.

7:30-8:30 am   breakfast in our dining room in case we stay overnight in base camp, but picnic while we stay overnight in the Black City; read maps, prepare everything.

8:30-11:30 am   field work in the vicinity of Black City; in case we stay overnight there, we will return to our base camp for lunch.

12:00-1:00 pm   lunch in base camp.

1:30-3:00/4:00 pm   have a rest or have a nap in the room and/or in the yurt to avoid the high temperatures.

4:30-7:00 pm   work in our base village and/or go to other sites for field work.

8:00-9:00 pm   supper at base camp; after supper go to Black City and stay overnight there except during sand storms/rain storm, in this case we have to stay overnight in base camp.

10:00 pm   after supper, perhaps a walk in the ancient city under moonlight, retire.

For Team IV

On the way to the desert.

6:00 am   rise.

6:30-7:30 am   take up tents, gathering everything.

7:30-8:00 am   breakfast, hot tea in Mongolian style.

8:00-9:00 am   gathering camels by Mongolians; camels are out to forage in very early morning and sometimes on grass far from our camp. During camel loading, we can do nothing but wait. The ground in general is cold for sitting in the morning, sometimes a small inflatable pillow appears useful. It was experienced that it seems best to have a walk in advance of riding.

9 : 00 am-7 : 00 pm   traveling in the desert, on camel in general; do our research work; we will have a picnic lunch in desert; arrive at a new camp site, set up tents, washing with very limited water carried by camels.

8 : 00-9 : 00 pm   supper then retire.

At the destination camp

7 : 00-8 : 30 am   rise; breakfast prepared by staff members, read maps, prepare everything.

8 : 30-11 : 30 am   field work.

12 : 00-2 : 30 pm   lunch at home, prepared by staff members.

3 : 00-6 : 00 pm   field work.

7 : 00-9 : 00 pm   supper.

10 : 00 pm   retire, meteorological observations will be continued every two/three hours.

附录五　国内外水文界追思顾慰祖先生

顾慰祖先生是我国著名的实验水文学家和同位素水文学家。他一生奋斗在中国水文学的教学和研究岗位上，尤其是野外实验场地研究工作，为推动相关学科的发展和促进国际学术交流，做出了毕生的贡献。

——国际水文协会中国委员会同位素水文分委员会　庞忠和　陈宗宇　宋献方　卢征天

顾慰祖先生是我国著名的实验水文学家和同位素水文学家，是中国同位素在水利水文研究方面的开拓者。

——黑龙江大学水利电力学院　戴长雷　季山

顾慰祖教授是我的朋友和导师。我职业生涯中最美好的记忆也许是 1990 年代在南京与他一起教授 IAEA 同位素水文学短期课程。他在此之后成为一个好奇、深思熟虑和坚持不懈的研究人员。

——加拿大皇家科学院院士 Jeffrey McDonnell（杰夫瑞·麦克多纳尔）先生

顾慰祖先生的实验工作很棒。当我们在规划我们新建的一系列实验集水区时，我们见过几次面。尽管我只有几次机会见到顾慰祖教授，但他真的是一个伟大的人。

——Jan Frouz 教授（捷克共和国布拉格查尔斯大学）

我被顾慰祖对实验水文学及相关文献的发展历程的深刻理解而深深感动。

——国际水文协会前主席竹内邦良（Kuniyoshi Takeuchi）先生

顾先生是一位淡泊名利、脚踏实地的科学家。我们要向他学习。现在人多急功近利，顾先生这样的人很少了。应该把他建立的一个野外试验流域命名为顾慰祖流域实验基地。

——郭俊克（美国内布拉斯加大学林肯分校）

顾慰祖是一位真正的学者，也是所有科学家的榜样。

——梁信忠（美国马里兰大学）

顾老师是一位真正的大师，有真学问，为人谦虚。一生淡泊名利，对事业有很高的追求，工作精益求精，求真务实。在如今这个追逐名利的年代，顾老师是我最敬重的前辈。我1992年去德国慕尼黑国际环境研究中心（GSF）与维也纳国际原子能机构科访，顾老师名气很大，是机构的专家，去很多国家指导工作。

——陈建生（河海大学）

我与顾先生从1976年搞中子测水开始认识，后来在他的鼓励下参与了一些用同位素示踪测量地下水的项目。在合作过程中我对他的为人和科学研究精神十分钦佩，彼此成为莫逆之交。

——陈廷扬（南京大学）

顾慰祖教授一直从事野外水文实验工作。他在国内首次开创了实验水文和同位素水文的两大学科，卓有成效，闻名国内外。顾老一生对实验水文和同位素水文做出举世闻名的重大贡献。

——葛维亚（长江水利委员会）

顾先生淡泊致远，醉心学问，硕果累累！

——贾绍凤（北京地理所）

顾慰祖对水文贡献颇丰。

——金光炎（淮河水利委员会）

我对顾先生"生命不息，冲锋不止"的老一代科学家的求索精神非常敬仰。顾老凝神开创的物理水文学一定会川流不息、蒸蒸日上。

顾老为我们成功闯出了一条水文学物理研究途径，在许多环节可能与工程水文学具有互补性、交互促进性，两者结合或许可以更为有效地推动水文学的真正进步。所以值得我们继续努力学习和发扬顾老的科研思维方法。

近50年来水文学研究发展缓慢的原因，很可能是大多数所采用的研究途径不一定是科学、合理的，而接近于水文学机理的研究途径很可能是非常复杂的，需要坚持不懈的努力，顾老或许为我们提供了一条值得参考的重要路径。顾老为我们指明了发展方向，积累了宝贵的研究经验，值得我们继续学习和发扬。

——金菊良（合肥工业大学）

顾老是实验水文学的老前辈。我至今仍记得在大学毕业前夕去滁州参观过顾老建立的实验基地，被顾老的敬业精神所感动。

——胡顺福（美国南伊利诺伊州立大学）

滁州基地是顾老师一生的心血，在近十年滁州基地重建过程中，从重建方案编制到建设实施，顾老师一直在参与指导。

——刘宏伟（南京水科院水文所）

顾老师是我永远的老师！我在南京大学地理学系读本科阶段，顾老师给我们1980级陆地水文本科班主讲实验水文学，去年顾老师在南科院水文所滁州实验基地廖老师协助下，邀请我们共同编辑《实验水文学》专著，他亲自拟写大纲、约请各章编写者，顾老师与我通了较长时间的电话；顾老师身患癌症多年，但仍坚持耕耘。我要继承顾老师追求真理的科学精神、克服困难的高尚品格，推进我国水文事业走上新台阶！

——任立良（河海大学）

顾老师性格开朗、宽宏大度，一直是我要学习的榜样！

——盛雪芬（南京大学地球科学与工程学院）

顾老师是我国实验水文奠基人。

恩师的品质、精神、学识永放光辉。

——王全九（西安理工大学）

我是在2006年与顾老师相识的，那一年是我在河海大学硕博连读的第二年，我在一次课题组研讨会上认识了顾老师，向顾老师提出了一个问题"目前大气降水线都是统计分析得出的，有没有理论大气降水线？"顾老师对该想法给予了充分的肯定和鼓励，希望能够做出点成果。后来在顾老师的帮助下，我的文章《降水过程中氢氧稳定同位素理论关系研究》于2009年发表在《水科学进展》上，从此跟顾老师结下了不解之缘。

顾老师为人和善，读书期间，我得到了顾老师的很多帮助，他的严谨的思想深深地影响了我，包括后来博士论文实验部分，顾老师也提出了很多宝贵意见。顾老师把一生都奉献给了实验水文，当顾老师获评全国野外科技工作突出贡献者时，我觉得这也是实至名归。

顾老师给了我很多启示，要踏踏实实做研究，认认真真写文章，活到老，学到老。

——王永森（济南大学）

顾老为我所和国家水文事业奋斗了一生。

——王宗志（南京水利科学研究院水文研究所）

著名水文学家顾慰祖治学不辍，病情稍有好转，又策划、总结与推动出版他长期进行实验研究的《实验水文学》新作，并预选接力者，乐观豁达地表示：如有不测，自有后来人。其学术研究、治学态度和为科学献身的崇高精神，着实令人敬佩和景仰。

——吴三保（科学出版社）

顾先生是我国实验水文和同位素水文的先行者和实践者。

——夏军（武汉大学，中科院院士）

顾老师是我非常敬重的老师，真正的学者。为我国的实验水文学和同位素水文学做出了巨大的贡献。

——于静洁（中国科学院地理科学与资源研究所）

新中国的水文实验研究始于20世纪50年代，首先从径流试验开始。1953年治淮委员会和安徽水利厅为了研究淮北排涝标准和排涝计算方法，在安徽北淝河建立了青沟排水实验站。之后又在安徽明光建立瓦屋流径流试验站，在安徽淮北阜阳建立河网化水文试验站（双沟、单桥等），顾慰祖在这些工作中以及后来建立滁州水文实验基地过程中，发挥了不可替代的作用。

——章启兵（安徽省水利科学研究院水文水资源研究所）

顾老师治学严谨，学识渊博，谈笑风生；对后辈温和亲切，悉心教导。

——郑子彦（中国科学院大气物理研究所）

顾老不仅是一位年高德劭、学富五车的教授，而且也是一位平易近人、虚怀若谷的学者。

——朱和海（中国建设银行总行）

我在水利部南京水文研究所安徽滁县水文试验基地实习期间，看到同位素水文学专家顾慰祖先生长年驻扎试验基地，为了获得完整的实验数据，甚至一周都不回家，对工作达到痴迷程度，我备受感动和教育。

——康绍忠（中国农业大学教授，中国工程院院士）

我与顾先生的联系虽然短暂，甚至未曾谋面，但是我却能深深感受到顾先生的友善执着和信任，他的信任鼓舞、激励着我，他是我学习的榜样。

——张翠云（中国地质科学院水文地质环境地质研究所）

顾慰祖先生优秀的师德修养、高尚的人格魅力和求真务实的科学精神，永存天地之间。嗟乎，师者虽逝，风范犹存！

——刘平贵（陕西省水文局原副局长）

惊闻顾慰祖先生驾鹤西归

惊天霹雳，

闻者伤心。

顾公千古，

慰问难行。

祖国之要，

先创滁径，

生已飞鸣。

驾落何处？

鹤绕翁亭。

西颢青阳，

归去来兮！

——张守贤（南通市水利勘测设计研究院有限公司）

参考资料

1. 顾慰祖：工作日程实录
2. 《水利部南京水文水资源研究所滁州实验基地第一个十年简况（1981—1991）》，1991年
3. 顾慰祖：《老骥伏枥 志在千里》（2002年/2003年/2004年/2006年/2009年）
4. 顾慰祖主编：《同位素水文学》，北京：科学出版社，2011年
5. 顾慰祖：《给赖佩英的书信（2019-07-01）》
6. 陈昌春：《顾慰祖先生纪念册》

后 记

该年谱素材收集得到了顾慰祖先生工作单位——南京水利科学研究院各级领导们的鼎力支持，在此深表衷心的感激。

同时也对百忙中积极提供相关资料的顾慰祖生前同行朋友致以衷心的谢意。他们分别是：

南京水利科学研究院（按姓氏拼音排序）：陈天荣　韩江波　姜蓓蕾　蒋文航　廖敏涵　林锦　刘宏伟　陆海明　马涛　吴永祥　肖兰萍

河海大学（按姓氏拼音排序）：陈建生　瞿思敏　任立良　谭忠成　王涵一

天津大学：岳甫均

南京大学：陈廷扬

黑龙江大学水利电力学院：季山

合肥工业大学：金菊良　赖佩英

中国科学院地理科学与资源研究所（按姓氏拼音排序）：宋献方　于静洁

中国科学院地质与地球物理研究所：庞忠和

西安理工大学：王全九

济南大学：王永森

中国建设银行总行：朱和海

常州大学：葛吉霞

安徽省水文局：胡余忠

陕西省水文局：刘平贵

安徽省电机工程学会：赖忠民

南京地质博物馆：祖茂勤

江苏省地质学会：詹庚申

正因有了上述各方人士的热心帮助，才使得这本年谱成文面世。

遗憾的是，由于素材来源的年代跨度较长，特别是选用的照片大部分在短时间内难以找到国内外的拍摄者，所以在该年谱内不能一一加以注明，恳请大家谅解。如果有的拍摄者认为侵犯了个人的著作权，请联系我们知晓，我们一定想办法和你沟通协商解决这个问题，谢谢理解。

该年谱基本成稿后，河海大学任立良教授在百忙中进行全文审稿和修改，我们编撰团队对此表示深深的谢意。

衷心感谢河海大学出版社朱婵玲社长的支持，曾雪梅等老师出色地完成年谱的编辑、校对和排版工作。

衷心感谢南京地质博物馆专业美工师祖茂勤认真精细地把文稿中较不清晰的照片修复处理成比较清晰的照片。

衷心感谢季山、庞忠和、周成虎和任立良为本书作序。

最后，衷心感谢滁州综合水文实验基地的合作单位：南京云蓝风汇科技有限公司、北京立木科仪技术有限公司、西安新汇泽测控技术有限公司、北京理加联合科技有限公司对年谱出版的资助。

顾慰祖先生年谱编撰团队
2022 年 12 月

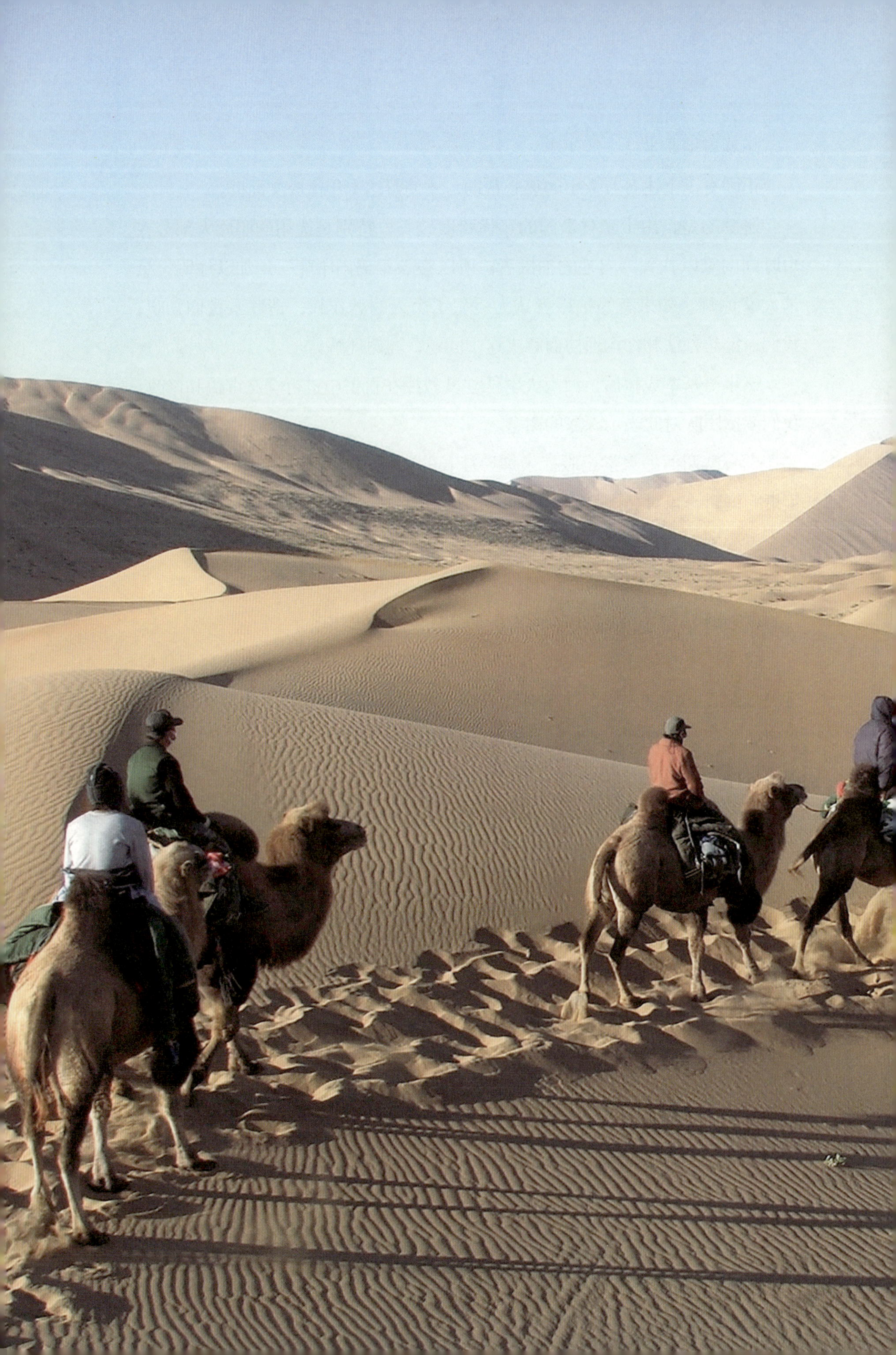

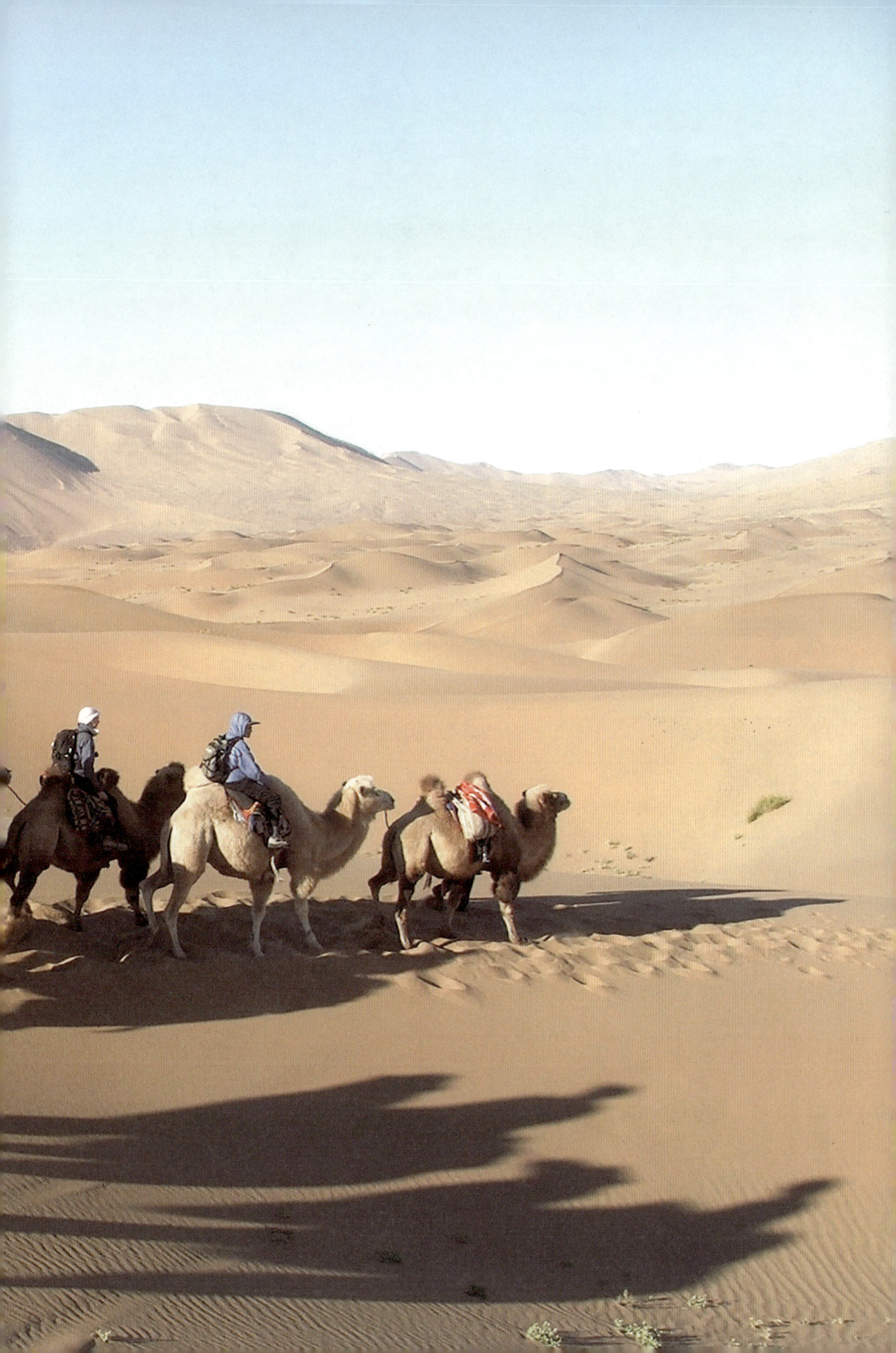